环保进行时丛书

# 立体交通出行

LITI JIAOTONG CHUXING

主编：张海君

花山文艺出版社
河北·石家庄

**图书在版编目（CIP）数据**

立体交通出行 / 张海君主编. —石家庄 ：花山文艺出版社，2013.4（2022.3重印）

（环保进行时丛书）

ISBN 978-7-5511-0947-5

Ⅰ.①立… Ⅱ.①张… Ⅲ.①汽车－节能－技术－青年读物②汽车－节能－技术－少年读物 Ⅳ. U471.23-49

中国版本图书馆CIP数据核字(2013)第081088号

**丛 书 名：**环保进行时丛书
**书　　名：**立体交通出行
**主　　编：**张海君

---

**责任编辑：**梁东方
**封面设计：**慧敏书装
**美术编辑：**胡彤亮
**出版发行：**花山文艺出版社（邮政编码：050061）
（河北省石家庄市友谊北大街 330号）
**销售热线：**0311-88643221
**传　　真：**0311-88643234
**印　　刷：**北京一鑫印务有限责任公司
**经　　销：**新华书店
**开　　本：**880×1230　1/16
**印　　张：**10
**字　　数：**160千字
**版　　次：**2013年5月第1版
2022年3月第2次印刷
**书　　号：**ISBN 978-7-5511-0947-5
**定　　价：**38.00元

---

# 目录

## 第三章　共掀低碳汽车的热潮

# 第一章

# 汽车要低碳，设计要节能

## 一、汽油机节能技术

汽车内燃机动力一直是汽车的主要动力。其能源效率的优劣直接影响到汽车能源消耗水平，故对汽车的节能至关重要。目前，高效率、低排放动力技术在国外已得到了广泛的应用，很大程度上提高了汽车燃油的经济性，如多气门技术可以提高燃油效率2%～5%，增压技术可提高燃油效率5%～7%，缸内直喷技术可提高燃油效率10%～20%。

目前国内99%以上的乘用车是汽油车，而且预计至少在未来10年内汽油车仍将是国内汽车的主流。按照欧美汽车测试显示，应用高效汽油机技术的汽车平均油耗有可能比普通电喷汽车降低25%～30%，同时成本更低。因此，开发高效汽油机技术对汽车节能非常必要。高效汽油机技术也一直是欧、美、日各国政府和汽车公司降低油耗的重要手段。与国外努力开发高效汽油机技术的情况相反，长期以来，国内对实用的高效节能汽油机技术的研发一直不够重视，直到近年来研发力度和投入水平才有所提高。

在对节能减排这一长远目标的追求中，汽油机技术经历了如下几个演变过程：①供油方式从化油器到单点喷射到多点缸内直喷方式演变。②进气系统从传统的不可调节进排气系统到可变进气结构系统演变，进气方式从自然吸气到二级增压演变。③气阀定时与升程从机械驱动式气阀定时与升程固定的配气机构到气阀定时与升程连续可调的液压调节式以及电磁阀驱动系统演变。④燃烧过程组织从传

缸内直喷技术

统的均质混合气火花点火方式到均质充量压缩点燃，再到非均质混合气分层燃烧系统演变。以下主要介绍汽油机燃油直喷、可变气门正时、稀薄燃烧、增压等技术的国内外发展现状及差距。

1. 燃油直喷技术(GDI)

GDI技术，是指将高压油泵提高压力后的汽油，通过高压油轨和喷油器直接喷入缸内（与柴油发动机的喷油方式极为类似），缸内汽油充分雾化，并和空气按最优化的模式进行混合，大大增强发动机的抗爆燃性，且提高燃烧热效率，从而使发动机在获得更高动力性的同时达到更好的节能效果。GDI技术一般可使发动机的功率达到同排量非直喷发动机的1.5~1.7倍，燃油效率提高10%~20%。

近年来，各国都加大了对GDI技术的研究，各大汽车公司相继开发出不同的汽油直喷技术。

我国汽油机缸内直喷技术的研发也取得了一定的成绩。国家“863”计划中的“汽车开发先进技术”重点支持了以下公司的缸内直喷技术研发：奇瑞的轿车直喷汽油机开发、一汽的轿车直喷汽油机研究开发、吉利的轿车直喷汽油机技术开发。这三家企业到目前为止都取得了一定成果。在2006北京国际车展上，奇瑞展出了5款均采用了GDI技术的ACTECO系列发动机。2007年我国自主研发的汽油直喷发动机JB8在长春一汽技术中心正式点火启动运转。2008北京车展上，长城展示了1.5L的GW4G15-GDI增压直喷汽油机、吉利展出了缸内直喷汽油机。

2. 可变气门正时技术(VVT)

发动机VVT技术是近些年来被逐渐应用于现代轿车上的一种新技术，是通过对计算机信号气门的开闭时机进行智能正时连续可变控制，使燃油燃烧更充分，工作效率更高，进而达到降低油耗的目的。目前日、欧主流汽车企业均开发出配备可变气门正时技术的发动机。如丰田VVT-i、本田i-VTEC、现代CVVT、雷诺-日产CVTC、宝马Valvetronic、马自达S-VT、三菱MIVEC、保时捷Variocam等。

采用进气VVT后可降低整车油耗达6%左右。排气VVT可在此基础上进一步降低1%~2%，且有利于缸内净化。目前国外生产的汽油机多采用进气与排气双VVT，而国内生产的带VVT的汽油机大部分只采用进气VVT，但随着对排放水平越来越严格的要求，总的趋势是向双VVT发展。

目前，采用VVT技术的车型占国内汽油机的比例将近30%，合资企业的不少车型均有配备，如广州本田、天津丰田、北京现代新伊兰特等。同时，我国自主研发的VVT技术也取得较快发展。2006年8月，吉利研发的VVT发动机——JL4G18正式量产。2008年5月，长城全铝VVT发动机GW4G15、GW4G13历经两年时间在长城发动机新厂正式下线。

3．稀薄燃烧技术(HCCI)

稀薄燃烧技术是降低汽油机油耗的有效措施之一。HCCI以燃料混合技术和控制技术为基础，综合了汽油机均质充气与柴油机压燃点燃混合两种燃烧方式优点。通过提高压缩比、分层燃烧和高性能点火，实现油气均匀混合，多点着火，使燃烧更加充分，燃烧效率大大提高，发动机耗油率可降低10%。同时，还可以提升发动机的功率输出，且一般不受敲缸界限的限制，泵气损失小，有利于改进部分负荷特性。但HCCI也面临技术挑战，HCCI爆发过程非常难驾驭，不仅要控制进气温度、压力，还要控制空燃比等多种变量，控制系统非常复杂。

通用汽车对HCCI技术的研究走在前列，2007年已将第一辆装配HCCI发动机的样车SaturnAura驶上试验跑道。在国内，奇瑞、天津大学、上海交大等也正在从事这方面的研究。

4．增压技术

汽油机增压技术通过提高发动机充气密度，从而提高发动机的功率和转矩，改善热效率，提高经济性，降低发动机设计排量，降低噪声。在机械增压、气波增压、废气涡轮增压、复合增压等方式中，废气涡轮增压应用最广，其发动机的功率及转矩可增加20%～30%，同时提高燃油效率5%～7%。因此，涡轮增压技术得到较广泛的应用。在欧洲，涡轮增压发动机已经占到了50%，在

涡轮增压器

亚洲、美国也都处于增长态势。

涡轮增压器已经成为提高动力性能的主流方向。国际上最先进的量产增压直喷汽油机，大多采用复合式二级增压方式，以保证低速时的转矩快速运行响应，如宝马335i、MINI Cooper、奔驰S600等。在世界最佳发动机的评比中，宝马3.0L双涡轮增压汽油发动机蝉联2007、2008年度最佳发动机的荣誉。

目前国产汽油机增压器配套生产尚属空白，国产高档轿车中采用这一技术的几乎都是合资品牌，且比例非常小。但近年来华晨在汽油机增压研发方面取得了很大进展。2008北京车展上，华晨、江淮等推出了自主研发的涡轮增压发动机，但与德、英的“T”发动机相比还具有一定的差距。

5. 其他节能技术

除了以上几种主要的汽油机节能技术外，伴随着汽车电子技术的飞速发展，还出现了诸如停缸技术、可变压缩比技术、发动机启动／停止技术等节能新技术，为进一步降低汽油机燃油消耗提供了可能。

(1)停缸技术

由于汽油发动机在部分负荷时燃油经济性较差，因此，在不影响发动机动力输出的情况下，通过停缸技术使工作缸负荷提高，让发动机工作在燃油经济区，从而能显著降低发动机燃油的消耗。

事实上，早在20世纪90年代中期，梅赛德斯就在其V8发动机上应用了停缸技术，并投入市场。但由于成本及技术方面的原因，当时没有被市场认可。目前，随着能源日益紧缺，通用、克莱斯勒和本田又开始推进这项技术，如本田2008款雅阁3.5LV6顶级版配备的发动机所采用的VCM系统即是发动机分级停缸技术，在车辆起步、加速或爬坡等任何需要大功率输出的情况下，该发动机将会把全部6个气缸投入工作，在中速巡航和低发动机负荷工况下，系统仅运转一个气缸组，即三个气缸。在中等加速、高速巡航和缓坡行驶时，发动机将会用4个气缸来运转。

(2)可变压缩比技术

为了充分发挥缩小排量以提高增压汽油机燃油经济性的潜力，同时控制爆燃，不影响排放，最佳的解决方案是采用可变压缩比技术。通过在缸体与缸盖之间安装的滑块改变燃烧室容积，从而改变压缩比。

2007年，奔驰Dies Otto发动机的核心技术之一就是可变压缩比技术。在中、低转速工况时，升高压缩比，并搭配可控点火系统。让缸内可燃混合气实现压燃，获得更高的热效率，并且可以控制缸内的爆炸温度维持在一个相对恒定的水准，抑制产生高温后的氧化作用，以控制$NO_x$排放，起到节能、环保的作用。萨伯、日产等公司也在开发类似的发动机产品。

(3)发动机智能启动／停止系统

发动机智能启动／停止系统通过在汽车临时停车时关闭发动机，继续行驶的时候快速重起发动机，从而有效减少燃油消耗和二氧化碳排放。该技术的研发具有代表性的是博世与马自达。

博世推出智能电子启动／停止系统，在驾驶员踩下制动踏板、停车摘挡时，对以下三项进行检测：发动机空转且没有挂挡，防锁定系统的车轮转速传感器显示为零，电子电池传感器显示有足够的能量进行下一次启动。满足这三个条件后，发动机自动停止转动，无需驾驶员手动熄火，可使油耗和二氧化碳排放降低8%。博世SES从2007年在欧洲实现量产，主要面向德国宝马的宝马车及MINI车供应。2008年，马自达推出了智能怠速停止系统，将活塞停止在一个最佳的位置以利于发动机的重启，之后在发动机重新转动前将燃油喷射到气缸内，让燃烧得到的能量使得发动机重启，使得燃油经济性提高10%以上，并且不需要电动机的帮助。但SISS只能用于自动变速器车型，尚未量产。

## 二、柴油机节能技术

随着先进柴油技术的发展，柴油发动机冒黑烟，噪声高，振动大等问题得到解决，柴油机较同排量汽油机可节油25%以上的优势得以显现。近年来，柴油轿车在国际上，特别是欧洲，取得了很大发展。到2007年，西欧柴油轿车销售已占轿车市场份额的54%，在部分国家（如法国）已占

70%以上。我国柴油机产业自20世纪80年代以来有了较快的发展，但就其技术来源而言，引进系列和自主开发系列基本上是平分秋色。

在全球节能减排趋势的推动下，柴油机动力技术经历了如下几个主要的发展演变过程：①供油方式从机械式直列分配泵经历了单体泵、泵喷嘴到第一代、第二代、第三代、第四代电控高压共轨系统演变；喷油压力、喷孔数目、喷油时刻与循环喷油量的计量控制均发生了演变。②进气系统从传统的自然吸气式到放气阀式涡轮增压中冷、可变结构涡轮增压中冷到串联式二级增压二级中冷增压系统演变。③燃烧过程组织从涡流室式燃烧系统到缸内直喷+冷却EGR演变，并伴有从传统的预混—扩散燃烧方式衍变的预混压燃点火燃烧系统的演变。

下面主要介绍涡轮增压技术、电控燃油喷射技术、稀薄燃烧技术等先进柴油机节能技术。

1. 涡轮增压技术

由于小型高速涡轮增压器技术日趋成熟以及增压与中冷的结合，推动了涡轮增压在车用柴油机上的应用。涡轮增压装置主要是由涡轮室和增压器组成。废气进入涡轮膨胀做功，驱动增压器压缩新鲜空气，从而提高进气压力。为满足不断严格的排放法规和提高发动机的全工况性能，车用增压器正朝着小型、高效、灵敏等方向发展。

华晨1.8T系列发动机

最近几年发展起来的可变喷嘴涡轮增压器通过对执行器的控制来改变涡轮流通截面积大小，从而实现增压器与发动机良好匹配的目的。Garrett公司开发的液压控制AVNT技术，进一步提高了控制的精确度。博格华纳公司开发的由两个串联的涡轮增压器组成的R2S可控两级涡轮增压系统很大程度上改善了燃油经济性并提高了发动机性能。

我国大中型柴油机多已采用增压技术，中型柴油车采用增压技术占40%，轻型柴油车增压仅占7%，而轿车汽油机涡轮增压技术还比较落后。近年来，这一技术在国产品牌轿车上的应用也有所突破，华晨联手德国FEV历时三年成功研制了自主涡轮增压发动机——华晨1.8T系列发动机。并于2006年6月投入批量生产，实现了我国汽车核心技术研发的重要突破。

2. 电控燃油喷射技术

新一代车用柴油机关键技术的核心和基础就是电控燃油喷射技术。目前，车用柴油机燃油系统主要有四种：电控泵喷嘴(EUI)、高压共轨(CR)、电控单体泵(EUP)、电控直列泵+EGR。EUI技术将喷油泵和喷油器组成一个单元，由ECU也就是电脑控制摇臂或者间接地由发动机凸轮轴通过推杆来驱动喷油器准确喷油。CR技术由高压油泵把高压燃油输送到公共供油管，通过对公共供油管内的油压实现精确控制，使高压油管压力大小与发动机的转速无关。EUP工作方式跟泵喷嘴相同，不同在于其喷油器和油泵用一根较短的喷射油管连接，由发动机的凸轮轴驱动。电控直列泵+EGR技术采用电控供油速率燃油喷射泵精确控制喷油，EGR控制高温富氧条件下$NO_x$的生成。

长期以来，国内电控燃油喷射供油系统的核心技术由跨国公司垄断，美国德尔福公司在中国市场针对中轻型车推广共轨技术，针对重型车提供泵喷嘴和单体泵技术；德国博世公司电喷系统技术已经由电控共轨发展到电控液力放大系统，在中国市场主推高压共轨系统；日本电装目前正在研发第三代、第四代共轨系统，它将针对中国市场需求研发并推广共轨系统。

由于研发滞后，我国车用柴油机行业在电控燃油喷射技术方面仍存在很大的差距。目前，国内相关企业正在努力改变这种状况。一汽集团无锡油泵油嘴研究所经过多年研制，成功开发出具有自主产权的电控共轨系统，成都威特公司联合清华大学于2004年成功研制出具有自主产权的电控单体泵系统，并于当年开始提供成套产品，这是国内目前批量生产电控柴油喷射系统的第一个厂家。2008年上海国际发动机及制造技术展览会上，成都威特公司展出了新研制的电控直列组合泵技术，它符合我国柴油发动机企业的实际情况及老机型的欧Ⅲ升级改造需要，满足了欧Ⅲ对喷油系统的最低要求，可靠性高，价格低，机械接口与P型泵相同，且安装方便，系统标定过程简单，是目前满足欧Ⅲ排放的低成本解决方案。

3．稀薄燃烧技术(HCCI)

在HCCI燃烧概念提出的最初，就有研究将柴油作为HCCI燃料，但效果较汽油差距很大。究其原因，一是柴油黏度大，挥发性差，形成预混合均质混合气困难；二是柴油作为高十六烷值燃料，容易发生低温自燃反应，均质预混合气的燃烧速率控制困难，易造成粗暴燃烧。但为满足日益严格的节能和环保的要求，高效低污染燃烧技术的新型柴油机的研究引入了新燃烧的概念，其中具有代表性的就是柴油HCCI燃烧方式。

在HCCI燃烧方式下柴油和空气在燃烧开始前已充分混合，形成均质预混合气。混合气被活塞压缩并发生自燃，呈分布均匀、稀混合的低温、快速燃烧状态，可同时保持较高的动力性和燃油经济性，从根本上消除了产生$NO_x$的局部高温区和产生PM的过浓混合区。但目前还无法实现柴油机全工况的HCCI燃烧过程，从实用化角度出发，必然要采用双模式运行方案，即在中低负荷，采用HCCI燃烧方式，在高负荷，仍然采用传统的燃烧方式。

美国、日本、欧洲等国的主要汽车公司及核心研究机构都在开展柴油机HCCI燃烧的研究，均未能实现大规模商品化，只有少量的投入生产。在HCCI柴油机产业化技术的研究方面，今后一段时期内的工作将主要集中在燃烧技术的控制方面，包括燃烧诊断、燃烧模式切换和瞬态工况过渡。我国的天津大学内燃机燃烧学国家重点实验室、清华大学等单位也在进行相关研究。

4．其他节能技术

除了以上柴油机节能技术，改进进排气系统、优化燃烧室设计等也具有很大的节能潜力，下面主要介绍柴油机多气门技术和缩口环形燃烧室。

(1)多气门技术在大、中、小型汽油轿车上，多气门技术已经作为成熟技术得到了应用，目前采用多气门技术的车型已占汽油机的85%，在柴油机上的应用更是国际学术界研究热点之一。多气门可增大柴油发动机的进气量，使柴油的燃烧更完全，排气更快、更彻底，从而提高柴油发动机的输出功率。国外大型柴油机的气门最多时已达到每缸5个、目前已开始在小型柴油机上应用，国内在这方面的研究尚不成熟。

(2)缩口环形燃烧室改变燃烧室形状，优化涡流形成，既有利于提高燃油经济性，也能降低排放。缩口燃烧室具有较大的气流强度和较合理的涡流分布，可以产生较高的缸内压力和温度，与直口燃烧室相比，在相同的进气涡流比和燃烧室口径下，燃油分布较多的燃烧室壁面和底部气流速度要高出50%左右，这对于促进油气混合、加速燃烧是十分有利的。

## 三、其他内燃机动力节能技术

当狄塞尔发明柴油机时，就曾在内燃机上试过使用气体燃料、酒精及植物油，最终由于成本和科技水平所限而不得不放弃。而当石油能源主宰人类动力系统百年以后，在其日近垂暮之年，人们不得不将目光再次回到原点，求解于天然气、醇醚燃料、生物质燃料。一个世纪的轮回后，当人们发现，即使是以现代的科技，将这些燃料用于内燃机依然困难重重，不能尽如人意。这让我们不得不钦佩先行者狄塞尔的智慧和勇气，另一方面，也让我们看到，人类的智慧，必将为自己点亮前行的光明。

1. 天然气动力

在国际上，天然气汽车技术已相当成熟。2008年3月的日内瓦车展上，天然气能源的应用成为环保的主角，车展现场展出了数款天然气作为燃料的车型，奔驰天然气紧凑型运动旅行车B170NGT、通用汽车公司天然气SUV车型雪佛兰科帕奇、法国的PGO和德国的BRA共同开发的PGO Cevennes涡轮增压天然气跑车以及已经上市并得到瑞士用户广泛好评的大众途安2.0L和菲亚特Pandal.2L天然气汽车等。

与国外相比，当前我国天然气汽车在技术上存在较大的差距，制约我国天然气汽车发展的瓶颈同样也是关键零部件，如喷嘴、高精度减压器等。康明斯西港公司开发的柴油引燃、缸内直喷天然气发动机，具有和增压柴油机一样高的热效率，而我国在这方面还是空白。但我国也取得了一些研发成果，如我国已能开发、生产基于多点顺序喷射的单燃料LPG汽车，但生产的数量不多；在轻型车上能够进行采用闭环电控多点顺序喷射技术的天然气汽车的开发和生产，与国际水平相差不大；在重型天然气发动机方面，上柴、玉柴等企业能够生产满足国Ⅲ、国Ⅳ排放标准的增压中冷、稀薄燃烧天然气发动机，与国际水平相当；玉柴的YC6G220P-30LPG重型发动机，已应用在广州的公交车上。

大众途安2.0L

日本、韩国等生产基于多点顺序喷射的单燃料汽车，其发动机及汽车整体布置均专为燃油LPG设计，故发动机可在最佳状态下工作，整车重量变化不大。而国内的天然气汽车基本上沿用原汽柴油汽车的底盘，使气瓶的安装产生困难。如出租车在行李箱安装气瓶后，放行李的空间就非常小了。

2. 混合燃料动力

混合燃料动力区别于混合动力的发动机与电动机交替工作的方式，是将常规汽柴油与代用燃料混合的动力，以常规汽柴油为主，将各种代用燃料，包括醇醚燃料与汽柴油掺混，并对发动机进行适当设计，其将有可能成为主流燃料技术。由于混合燃料中的待用燃料可减少汽柴油消耗，因此发展混合内燃机也是缓解目前石油紧缺问题的有效手段之一。

在典型的混合燃料车型中，帕杰罗TR4Flex是一款可以使用汽油、乙醇以及它们的混合燃料的新型生物燃料FFV车型。该车可以在乙醇比率在0～100%的混合燃料的条件下变更发动机控制，同时改变为最适合的燃烧状态，变更一部分发动机零配件和燃料系统的工作数据，确保耐久性可靠性。Scorpion是基于本田AcuraTL-S改装的跑车，它的燃料是汽油和氢的混合，其中氢占30%～40%。其氢燃料是汽车本身分解水获得，所以只用加水，不用加氢（当然另外还需加汽油）。Scorpion的六十英里原地起步加速时间是3.5秒，动力可高达450马力。每加仑汽油可跑四十英里。

目前，我国成熟的混合燃料技术主要用在现有汽油车和柴油车上，如E10（90%汽油，10%燃料乙醇）和柴油与低比例生物柴油混合。与国外相比，还存在较大的差距。

3．氢燃料动力

氢燃料动力，不同于燃料电池汽车，是以储存的氢气直接作为传统发动机的燃料。宝马正是这个领域的开路先锋，其2008年发布的Hydrogen7即是氢燃料动力的代表作品。该车动力完全是由燃烧氢产生的，而不是氢燃料电池，氢燃料发动机基于宝马760i所装备的汽油机，拥有电子气门控制和双凸轮轴可变气门正时系统等技术亮点，并按照双模驱动进行了相应改进。在汽油模式下燃油直接喷射，氢燃料则通过集成在进气系统中的特殊管路供给。氢的燃烧速度比普通汽油快10倍，为充分利用这一潜能，Hydrogen7中的V－12发动机需要由电子气门和双凸轮轴可变气门正时系统来保证极为灵活的发动机管理系统，使气体循环和喷射节奏与氢／空气混合气的特殊特性完美匹配。Hydrogen7是迄今离我们最近的一款氢动力车，它清楚地证明了液氢完全可以用来作为汽车的一种能源。

马自达RX－8HydrogenRE型跑车是一款氢燃料概念汽车，它采用了马自达独有的转子发动机，由于转子发动机爆发性强，灵活高效，特别适合与氢燃料的结合。而且转子发动机使用氢燃料只需要很小的更改。以上两款氢燃料汽车目前都已达到了实用阶段，制约其量产的主要原因是成本和相关设施的普及。

高效低排放氢内燃机是国家“863”计划唯一立项的氢燃料重点项目，2007年6月，我国自主研制的第一台高效低排放氢内燃机在重庆长安汽车集团成功实现点火，它的成功点火标志着我国氢内燃机研究技术已经获得了突破性的进展。

4．涡轮蒸汽机动力

当前发动机的热效率只有40%左右，而另外的60%中被废气所带走的大部分能量有没有可利用的价值？2006年宝马公司给出了一个答案，那就是利用涡轮蒸汽机回收大部分发动机废气所带走的热能，作为发动机另一种“燃料”形式，提升发动机效能并降低油耗。其工作原理基于蒸汽机：在两个循环系统中，液体被加热成蒸汽用以驱动发动机，内燃机废气经过换热器成为能量源。这项技术使废气中80%以上热能得以回收利用。

在测试中，装有创新性辅助系统的宝马1.8L四缸发动机的油耗降低了15%，输出功率却增加了10kW，同时，转矩也增加了近20N · m。这些增加的功率和效率好比是“无中生有”，因为它们完全来源于废气和冷却液中浪费掉的热能，不增加任何的燃油消耗。这个研究项目符合宝马高效动力理念，即低排放、低油耗，而且驾驶动力更充沛，性能更出色。

## 四、汽车轻量化设计

在新能源路线迟迟不清晰的形势下，轻量化已经成为全球主流汽车企业“曲线救国”的必要方式。甚至有人认为：汽车轻量化将拯救全球汽车业。这是因为汽车轻量化对于节约能源、减少废气排放都十分重要。研究显示，若汽车整车重量降低10%，燃油效率可提高6%～8%；汽车整备质量，每减少100kg，百千米油耗可降低0.3～0.6L；汽车重量降低1%，油耗可降低0.7%。

汽车车身约占汽车总重量的30%，空载情况下，约70%的油耗用在车身重量上。因此，车身变轻对于整车的燃油经济性、减少废气排放等都大有裨益。

1.实现汽车轻量化的措施

汽车的轻量化主要通过合理的结构设计和使用轻质材料的方式来实现。

(1)从汽车结构设计阶段就开始“轻量化”

目前在国内外汽车轻量化技术发展中，首要措施是轻量化的结构设计，它已经融合到了汽车设计的前期，使轻质材料在汽车上的应用，包括铝、镁、高强度钢、复合材料、塑料等，与结构设计以及相应的装配、制造、防腐、连接等工艺的研究应用融为一体。轻量化的手段之一就是对汽车总体结构进行分析和优化，实现对汽车零件的精简、整体化和轻质化；利用CAD/CAE/CAM一体化技术，可以准确地实现车身实体结构设计和布局设计，对于采用轻质材料的零部件，还可以进行布局分析和运动干涉分析等，使轻量化材料能够满足车身设计的各项要求。

(2)车身轻量化设计首当其冲

全铝车身设计可以有效减轻车身重量。福特P2000采用冲压焊接制造的铝质车身骨架，整备质量仅906kg，比使用钢板轻135.6kg，市区百千米油耗减少22.8%。P2000也成了当今最轻的中型轿车，比传统轿车减重约40%。该车所采用的黑色金属仅为222kg，而更多地采用铝、镁、钛等轻金属，车身用铝合金，底盘还采用了铝、钛管型钢材、聚酯、碳纤维及金属等复合材料，如钛质螺母、铸铝前车架、铝制动总泵、铝转向节、铝前制动盘。有几处用了镁，例如，发动机盖铰链、座椅底架、靠背框架、进气歧管等。

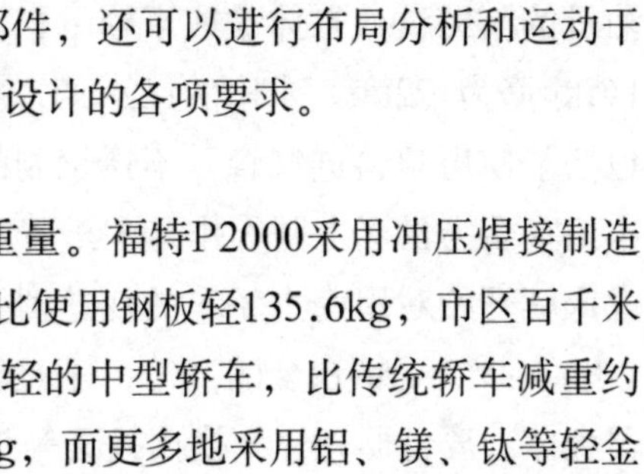

奥迪A8

奥迪A8是大型豪华轿车，但它的整车质量仅相当于一辆中型轿车。奥迪A8铝合金框架支撑着全铝合金车身的创新技术被称为"ASF"——即奥迪空间框架技术，ASF车身结构由挤压的铝部件及压铸件组成。目前在市场上销售的奥迪A8与R8、TT Coupe与TT Roadster等车型都可以说是ASF铝合金轻量化车身结构的代言者。A8车身结构重量仅有218kg，而进一步采用镁铝合金结构的R8，其车身结构仅有210kg。其他新材料的应用还有如马自达RX-8传动轴采用高强度低重量的碳纤维材料，马自达的后备箱采用一体式并由高强度树脂做成，保证了强度并极大地降低了重量。

(3)发动机、变速器同样需要轻量化

车辆动力系统在汽车重量上占有很大比重，瘦身是不可避免的，首屈一指的是奔驰的顶级豪华车Maybach（迈巴赫）和SIR轿车的12缸发动机的缸体，由于采用了合金材料和缸体连同油底壳设计质量只有38kgo。奥迪公司也成功地将一台升功率达到67kW/L的5气门、1.8L涡轮增压汽油机的灰铸铁汽缸体改成了镁—铝混合材料汽缸体，使发动机整机质量从145kg降为122kg。丰田的122-FE发动机，经过了极为严格的轻量化设计，包括了使用塑料进气管，不锈钢制的排气管等各式各样的轻量化零件，被丰田宣布为世界上同等排量中最轻的一款，只有96kg。早在1938年，德国大众就开始对甲壳虫轿车的变速器壳体使用镁合金材料，镁合金的密度为1.8g/cm$^3$，是铝合金的2/3，不足钢的1/4。目前，在汽车制造业，变速器壳体。离合器壳体、换挡拨叉等零件已经广泛应用铝镁合金。

研究表明，采用高强度钢板在相同强度设计条件下可以减少板厚及重量，同时还提高了汽车车体的抗凹陷性、耐久强度和冲击安全性。

2009年初的底特律车展中，丰田表示除了加大产品线内混合动力车型的比例之外，也计划对车辆侧边及车顶进行轻量设计（采用轻磅镀锡薄钢板），并将之视为提升车辆节油能力的关键。有研究机构分析得出一个发人深省的结论：仅仅减轻车身重量就能节省约5%的燃油。只需在每辆车上增加212欧元（约为280美元）的成本以购买高强度钢材，比加装任何形式的混合动力系统的油耗表现都要更低。

一汽马自达认为，高强度钢是目前解决轻量化最现实的手段。采用高强度钢板，在等强度设计条件下可以减少板厚及重量。

睿翼是一汽马自达的最新产品，该车型在2.0排量车型中整车重量最轻，据透露，睿翼局部采用的高强度钢板最高强度达1480GPa，之前只有航天飞行器才采用，完全能达到C—NCAP碰撞5星。

和睿翼一样，高强度钢带来的低油耗也已经越来越多被日系品牌重视，如在日本节油排名第一的中级车是第八代雅阁，和第七代产品相比，高强度钢采用达到了40%。

克莱斯勒汽车公司也表示，计划在未来3~6年内，通过使用新的高强度钢及设计，将车体重量减轻13%，即大约55kg，从而达到省油和提高安全性的目的，目前其采用高强度钢减重的研究成果已初步运用于新版赛百灵。

2.国外汽车轻量化现状与发展趋势

国外汽车厂商致力于汽车轻量化车型的研发，其主要原因，就是政府在燃油经济性标准上的不断提高和减少$CO_2$排放的要求，而轻量化车辆在燃油经济性方面的良好表现，让企业把车辆轻量化作为实现节能减排的重要手段。

日本的汽车业者一向把汽车的轻量化列为汽车整体设计上一个极为重要的指导纲领，在汽车轻量化上不遗余力，因此长期下来，日本汽车的轻量化成果卓著。

尽管美国没有批准京都议定书，然而联邦政府或州政府都制定了控制温室气体排放的标准。美国加州政府于2002年通过汽车尾气排放标准，而2009年5月15日，奥巴马在白宫宣布了限制汽车温室气体排放和油耗的新法规，要求在2016年新车平均燃油经济性要在2007年水平基础上提高42%。

美国政府早在1993年就提出了PNGV计划（新一代汽车合作计划）由政府每年投入2亿美元，用于家庭轿车的减重。

目前，欧洲大型汽车制造商正在进行“超轻型汽车”工程，在稳定价格的基础上减轻车重30%。欧洲超轻型钢制车体的设计中，高强度钢所占比例超过80%，还采用了约4%的抗拉强度达到1200MPa和1520MPa的超高强度钢，看来，车身轻量化正在欧洲汽车业如火如荼地进行着。

一直以来，许多人都认为欧美系车型比较重，但实际上，在过去的几年中，通过一系列法规刺激，欧洲汽车企业制造的产品，重量同过去相比减轻了20%～26%。预计未来10年内，轿车平均重量还将继续减轻20%。

3.国内汽车轻量化现状

在汽车轻量化方面，我国自主品牌轿车的车重一般在1450kg左右，比欧美同类车大约重8%～10%。这说明，通过采用轻量化设计，自主品牌轿车可以实现减重100～130kg，每千米可减少5～6.5g二氧化碳排放。

据了解，目前在我国无论是合资汽车企业还是自主品牌企业对汽车的轻量化都很重视。

广汽丰田的凯美瑞采用了丰田流线型高强度轻量化GOA车身。GOA车身的核心技术是具有高强度乘员舱和冲击能量高效吸收能力的车身结构，在车身结构上需要采用高强度钢板，以起到抑制变形和传递能量的作用。高强度钢板的大量使用不仅增加了车体强度和刚性，还可以降低钢板厚度、减轻车身重量。

一汽大众迈腾也采用超高强度车身结构，74%采用高强度或超高强度的钢板。其中，16%为强度更高的轻质热成形钢板。较强的刚性、稳定的结构、较轻的材质，使迈腾在拥有坚固车身的同时，车重更轻、更加省油。

一汽大众迈腾

除了采用轻量化的车身结构，国内很多车企从各种零部件的轻量化入手降低车重。2009年，长安铃木推出新奥拓，它配装的KIOB高性能全铝发动机采用10多项包括轻量化的组件、塑钢材质冷却系统、轻量化进气歧管等在内的技术，提高了节油性和环保性。除此之外，东风日产新轩逸的发动机采用航空轻量化铝合金制造技术；长安福特蒙迪欧致胜采用散热性更好、燃油经济性更突出的全铝合金发动机；比亚迪的一些车型也采用全铝材质发动机取代笨重、耗油高的铸铁发动机。

目前在我国，各重卡企业也都推出了轻量化车型。在市场销售中，轻量化车型已经占据一席之地，尤其在公路用车领域其优势更为明显。

中国重汽的轻量化技术处于国内领先水平。中国重汽主要通过改造车架和悬挂结构实现轻量化。中国重汽采用了宝钢的高强度车架板材，车架强度得到保证之后，双层车架就可以改成单层车架，从而减轻自重。同时，还采用了少片簧，以前的车型是前13片簧，后12片簧，现在采用前4后5的形式，可以使车辆总重降低800kg左右。中国重汽还尝试推广一种新型轻量化车型，这种车辆采用汉德森悬挂系统，主要应用在6×2牵引车上。汉德森悬架系统比较轻，能减重580kg，还更加结实耐用，重汽和汉德森签署了协议，两年内，他们能在中国独占这套悬挂系统。

除此之外，中国重汽推出的盘式制动器能轻30～40kg。采用断开式平衡轴，使得平衡轴从一段变为三段连接，不仅减重80～100kg，还降低了维修成本。

一汽解放一直都在做重卡的轻量化工作，并取得了一定的成绩。可以说，一汽解放对于轻量化的研发十分重视，不仅一汽集团技术中心在做配套零部件以及新材料等方面的研究工作，一汽解放技术发展部也一直对如何通过整车匹配实现轻量化进行试验，现在他们的部分重卡已经从原来的9.2吨降到8.5吨，轻3700kg。减重的途径主要是把悬架从多片弹簧改为少片簧，将鼓式制动器变为盘式制动器，采用膨胀式桥盒的单级减速桥以及在散热器等相关零部件上采用铝合金条。

与目前众多车企纷纷注资的新能源产品一样，汽车的轻量化技术也需要政策扶持。但是，目前国家仍未出台相关的政策。好在我国的汽车企业已经意识到这项技术的重要性，2007年底，中国汽车工程学会联合国内十多家有代表性的整车企业、钢铁企业以及高校成立了汽车轻量化技术战略联盟。该联盟成立的初衷是通过联合开发攻克共性技术，缩短国内企业与国际企业在轻量化技术上的差距。联盟成立时还设立了明确的目标，宣布要通过3～5年时间，使我国汽车平均自重降低8%～10%。

## 五、开发智能辅助驾驶系统，降低燃料消耗

为降低汽车日常使用中的能源消耗和碳排放量，如今国外汽车厂商已经开发出了一些有实用价值的智能辅助驾驶系统，如起步停车系统、智能汽车踏板等。

1.起步停车系统

现在起步停车系统已得到了许多厂家的认可，PSA、大众、奔驰、宝马、奥迪、路虎、铃木等公司都把这一系统当作标准配置安装在一些车型上。

(1)起步停车系统的由来

在2004年上市的雪铁龙C3上第一次显现了一套与众不同的系统——起步停车。按下ECO按钮，随着仪表板上ECO灯亮起，发动机就会自动适应城市里走走停停的路况。停车后，如要踩住踏板超过3秒，发动机就会自动熄火。当脚从刹车踏板上移开，发动机又会自动启动，起步停车系统使雪铁龙C3成为一部更适合在城市行驶的时尚小车。其实这一系统就是VALEO公司开发的，到今天已经可以匹配在所有的汽、柴油发动机上。

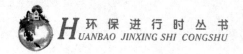

与此同时，另一家零部件公司也在大力开发起步停车系统，那就是博世。

VALEO与博世的系统虽然有所不同，但结果相近。VALEO与博世的起步停车系统最大的区别是VALEO的发电机/发动机是一体的，而博世是分开的。由于发电机和发动机是分开的，所以对发动机基本不用做什么改动。系统通过计算电池状况确保电池具有充足电能，保证发动机长时间停止工作后的车辆再次启动。系统会自动补偿每次发动机启动时的电压降低，为车辆电器如收音机、导航等提供恒定电压。

雪铁龙C3

(2)起步停车对节油减排起着一定作用

汽车在行驶过程中，不管是快还是慢，这套系统根本不会起作用，而在堵车时，它省油的优势才能体现出来，而且是越堵越省油。据资料显示省油最高能达到15%。在城市中行驶时几乎有35%是在停驶状态，此时发动机在怠速运转，显然是在做无用功，如果此时发动机也停止运转，好处是显而易见的。VALEO在2004年安装在雪铁龙C3上的起步停车系统在市内行驶时可使燃油消耗降低，除了省油外，更多的是为了减少排放，它最大的作用是减少温室气体——$CO_2$的排放量，以减小温室效应。对1.4L 16V的C3来讲，发动机在城市工况时，燃油消耗和$CO_2$排放可减少10%，在交通高峰期节油可达到17%，使用这套系统的铃木Splash在碳排放上从120g/km下降到了109g/km，减少了10%。

起步停车系统的好处是在很小的投资下降低了油耗和$CO_2$排放，缺点是系统在坡起时缺少辅助刹车系统，要防止溜车就需要手刹辅助，在频繁地停车时，空调系统的继续工作会影响到舒适性，在车辆的启动平顺性上还显得有些粗暴。

起步停车系统虽然会给驾驶者带来些不便，可对社会环境的贡献还是很大的。为了能够实现最多达每百千米0.2L的节油效果，大众汽车多款蓝驱Blue车型也开始应用起步停车技术，如第二代PassatBlueMotion等。奥迪于2009年开始逐步为旗下车型配备发动机起步停车系统；铃木于2010年夏天发布的全新一代雨燕和改款后的Splash以及2011年换代的超级维特拉上使用此技术。自博世起步停车技术于2007年投产以来，迄今已累计装车达100万辆，到2012年为止，欧洲新上市的车中已有50%配备起步停车系统，足以看出起步停车系统在欧洲的迅猛发展势头。在国内，奇瑞公司首先制定了起步停车技术的生产计划。

2.智能汽车踏板

2009年，日产汽车公司在FUGA车上装配了最新研发的采用辅助低燃耗驾驶系统的ECO智能加速踏板，该踏板采用新式结构，将无刷发动机嵌入加速踏板内部。当踩加速踏板力度过大时，该智能系统会向踏板施加反作用力，使踏板回馈力度更沉，提醒驾驶员进行节油操作，同时，该智能系统根据发动机的即时转数和相应的变速器传动效率，计算出最佳燃油效率的数值，从而对加速踏板踩踏力度进行控制和智能干预，安装此种ECO智能踏板的汽车，燃油效率有望提高5%～10%。

目前，ECO智能踏板已是第二代产品，第一代ECO踏板的硬件由德国大陆制造，生产成本相对较高，而第二代产品使用其他部件厂商的配件，使踏板的成本有所降低。

## 六、汽车电子产品减排措施

发动机、变速箱的技术升级较为复杂，前期研发时间较长。汽车减排二氧化碳也可以从汽车电子方面入手。

1.用电动助力转向器

目前我国正处于液压助力转向器向电动助力转向器过渡的阶段，普及电动助力转向器有利于整车减排二氧化碳。

一般来讲，装配电动助力转向器的车辆可比装配液压助力转向器的车辆节油5%，按乘用车百千米平均油耗8L计算，可减少二氧化碳10g/km左右。

据了解，转向器是底盘转向系统中最关键的零部件，对汽车的操控性至关重要。转向器发展经历了三个阶段，从早期的机械转向器，逐步发展到液压助力转向器和电控液压助力转向器，如今电动助力转向器正在普及。

2.升级车身电子系统

在车身电子方面，通过三种简单的车身电子控制升级办法，可以使每辆车每千米减排二氧化碳3.6g。首先，汽车室外灯采用PWM脉宽调制控制。这种控制方法可以减少灯泡两端的有效电压，减少电功率损耗，增加灯泡寿命。假设汽车每天行驶12h，车用灯泡共可节省25W功率，可减排二氧化碳0.69g/km。

车用LED

其次，汽车室外灯全部采用LED灯。车用LED灯代替白炽灯后，整车共可减少50W的功率损耗，每千米减少碳排放1.2g。

最后，改变空调控制方式，采用PWM脉宽调制方式驱动风扇电机。通过这种方法，整车能够减少80W功率损耗，减碳1.9g/km。

## 七、汽车维修节能

从全生命视角出发，汽车维修属于汽车产品生命周期使用阶段的重要环节，汽车维修能耗也是汽车产品能耗的一部分。如汽车发动机技术故障、点火不正时、离合器配合不适当、喷油量不当、变速器调整不当、汽车悬架参数不正确、汽车电子设备故障、汽车空调压缩机故障等等均会影响汽车性能以及能源消耗。而且，在汽车维修作业过程中，对零部件的油污清洗就需消耗大量汽柴油。

由此可见，正确的汽车维修手段和良好的维修质量对于汽车节能的作用不可低估，可以从以下几个方面提高汽车维修节能水平。

1．规范清洗作业，大力推广应用维修专用清洗液

在汽车维修作业过程中，对零部件的油污清洗需消耗大量汽柴油。由于我国汽车行业对清洗业没有相关的政策法规，造成清洗工艺没得到重视，清洗场地的不干净和清洗工作的不规范严重影响维修装配质量。其结果是汽车大修、维护后故障率仍然较高、使用寿命较短。另一方面，目前国内维修企业在清洗零部件的油污过程中普遍使用汽油或柴油，造成清洗场地大量燃油蒸发浪费，特别是清洗后的汽、柴油随处乱倒，造成环境严重污染。因此，应大力加强对清洗业的相关政策法规制定，规范汽车维修的清洗作业，大力推广应用节能环保的汽车维修专用清洗液。

2．重视车辆的原始数据的检测和报告

汽车维修工作中，汽车零配件、部件进厂质量检验，到维修过程中的工艺参数控制、整车性能测试、维修过程中的原材料消耗、生产安全及环境保护的监测等环节，都要进行大量的各种物理量、化学量、几何量的检测。这些检测是汽车维修质量保证体系的基本要素，是企业进行正常生产，提高维修质量，达到环保、节能的重要环节。因此，应督促和指导汽车维修企业根据交通部《汽车修理技术标准》和各项汽车维修国家标准，配备先进科学的检测与计量器具，制定符合技术标准的原始检测检验报告，以杜绝目前部分公车维修中的数据造假。

3．提高检测设备的技术水平

适时修订《汽车维修企业开业条件》，增加检测设备的比重，并把计算机等智能化维修设备配置作为开业条件。鼓励汽车维修企业推广计算机等智能化维修技术应用与管理，帮助有条件的企业建立汽车维修“诊断室”，从汽车维修硬件上确保汽车维修质量的提高。

通过行业协会等交流会，向国内外典型企业学习，采用技术讲座、

经验交流和“六新”（新知识、新技术、新工艺、新规范、新标准、新设备）应用等形式，引进和推广先进的汽车维修检测技术和设备，以科学诊断为基础，利用先进的汽车维修检测技术，准确判断和快速排除汽车故障，确保汽车维修质量与维修节能水平的提高。

4．建立完善的汽车维修质量管理体系

建立和完善由政府部门牵头，公众参与的全方位管理网络。实行企业一把手亲自管、质检部门具体抓、全体员工齐参与的汽车维修质量管理机制。督促、指导汽车维修企业建立和完善汽车维修工艺管理制度，提高企业的汽车维修工艺管理水平。引导汽车维修企业在推行全面质量管理的基础上，积极推进汽车维修行业的ISO9000认证工作。

建议相关部门和企业通过制定客户投诉制度、汽车维修企业开业条件年审制度、汽车维修质量、环保、节能否决制度、“从业人员持证上岗”年检制度等多种监管制度，推进我国汽车维修质量的提高。

5．重视汽车维修行业培训工作，提高从业人员的整体素质

汽车维修质量和节能与汽车维修从业人员的整体水平息息相关。目前我国汽车维修从业人员素质普遍偏低，因此，推行汽车维修从业人员上岗资格认证制度，具有十分重要的意义。在汽车维修初、中、高级职业资格证考证培训中，要适时增加服务与节能意识和“六新”的内容。同时按不同等级的要求增加汽车维修质管、质检内容，如全面质量管理、ISO9000标准等，严把汽车维修人员考证关，宁缺毋滥。以持证上岗和年审来促进从业人员不断提高专业业务素质和节能意识。

6．推行汽车维修企业连锁制和集团制

在优先发展特约汽车维修、专业汽车维修和高新技术汽车维修企业的同时，推行连锁经营，鼓励和帮助有实力的骨干汽车维修企业做大做强，形成汽车维修企业集团。以汽车维修质量、环保、节能管理为切入点，加强行业结构调整，引导部分优势维修企业通过市场运作，实现集团化、规模化、网络化、专业化经营，引导中小型维修企业走专业化、品牌化、连锁经营的道路。同时，要整顿、清理、关停无汽车维修质量保证能力的汽车维修企业。

# 第二章

# 低碳汽车的靓丽身影

## 一、名副其实的低碳汽车——天然气汽车

1.CNG汽车

天然气是一种无色、无味的气体，90%以上的成分为甲烷，常用的车用天然气一般为压缩天然气(CNG)或液化天然气(LNG)。

资料显示，目前全世界约有400万辆天然气汽车，主要燃料为压缩天然气(CNG)，与汽油车相比，天然气汽车排放的尾气中一氧化碳含量降低约90%、二氧化碳减少约70%，颗粒物排放可降低约40%，铅化物排放几乎不存在。

理论计算和实际试验结果表明：天然气汽车是名副其实的低碳汽车。

对于现代内燃机来说，依据理论计算、室内台架和道路试验表明，每升柴油燃烧后排放的二氧化碳的质量为2650g，每升汽油燃烧后排放的$CO_2$质量为2370g；每千克天然气燃烧后排放的$CO_2$的质量为2705g。H级天然气的热值为8.7464kW•h／$m^3$或13kW•h/kg；95号汽油的热值为8.49kW・h/L，柴油的热值为9.79kW•h/L。可见，lkg天然气的热值与1.5L汽油的热值相当，或与1.3L的柴油热值相当。也就是说，天然气与汽油的当量比为1∶1.5(kg/L)，与柴油的当量比为1∶1.3(kg/L)。人们不禁会联想：汽油机和压缩天然气发动机同属点火式内燃机，当以压缩天然气替代汽油时，有可能使整车$CO_2$排放量大幅度降低。

果真能如此吗？2009年3月，德国大众在莱比锡国际汽车展览会上，展出第六代帕萨特1.4TSI Eco Fuel压缩天然气(CNG)轿车，该车装配的发动机是排量为1.4L、缸内直喷、两级增压（初级为机械增压，次级为废气涡轮增压）的CNG发动机，压缩比高达13∶1，最大功率为110kW，最大扭矩为220N/m；整车百千米CNG消耗量为4.4kg，$CO_2$排放量为119g/km，完全满足欧盟将于2012年实施的$CO_2$排放法规。该车的燃料有消耗量和$CO_2$排放量都比第六代帕萨特1.4TSI车型低。

通过分析这个车型，我们可以得出以下结论：以CNG替代汽油和柴油，不仅整车动力性、燃料经济性均得到很大改善，而且$CO_2$排放量能满足欧盟2008年通过的法规要求——130g/km，同时燃料费用较汽油节省40%，所以，选用天然气作为汽车燃料，并装用依据天然气的燃料特性、现代内燃机理论和技术全新设计的第三代CNG发动机，是中级、中高级轿车$CO_2$排放量达标的最佳选择。

第六代帕萨特

正是由于CNG汽车的节能减排效果显著，运行费用低廉，所以，2008年它在世界范围内的销量较上年增加36.5%，保有量增加30%。在亚洲各国的保有量增加59%，在欧洲各国的保有量增加26.4%。如今，巴基斯坦、阿根廷、巴西和伊朗四个发展中国家的CNG汽车保有量均已超过百万辆，其中巴基斯坦2008年的保有量已超过200万辆。CNG汽车在一些发达国家也呈快速增长趋势，如在意大利，2008年底的保有量已达58万辆。这种燃料变化不仅改善了这些国家的汽车能源结构，而且节省了大量外汇，同时也缓解了温室气体排放的压力。

截至2008年底，我国拥有CNG汽车40万辆，位居世界第七。遗憾的是，我国汽车主管部门始终未对这类汽车的发展予以足够的重视。尽管2007年国家发改委将CNG汽车列入奖励鼓励类项目，但在2009年3月公布的《汽车产业调整和振兴规划》中并未提及发展和推广CNG汽车。这样一来，我国的CNG汽车发展有可能长期处于放任自流状态，技术落后难以避免。

其实在我国，发展天然气汽车具有较大优势。首先，基础较好。1999年，我国开始实施清洁汽车行动。在国务院科教领导小组的领导下，科技部等13个部委联合组织全国19个试点示范城市和相关企业，联合科研机构进行天然气汽车专项技术攻关和示范应用，初步建立起我国天然气汽车产业化平台，并制定了部分标准。成绩来之不易，如果半途而废，十分可惜。

其次，能源供应有保障。据了解，我国天然气远景资源量达50万亿$m^3$，地质资源量35万亿$m^3$，可采资源量22万亿$m^3$。到2030年，我国天然气年产量可达2300亿$m^3$。

2009年9月25日，我国青海省天峻县木里镇成功钻获可燃冰。这是我国首次在陆地发现可燃冰。$1m^3$的可燃冰可以释放出$164m^3$的天然气。可燃冰开采难度大，但预期储量巨大。

再次，配套设施较为完善。2000年2月，我国启动西气东输工程，这项总投资超过1400亿元的工程是仅次于长江三峡工程的又一重大投资项目。按照规划，至2010年，西气东输管线、加气站将覆盖全国260个城市，受益人口近2亿，年供气400亿$m^3$。

目前，我国的天然气汽车主要为公交车和出租车，而电动汽车也主要在这两个领域推广。当支持政策和资金只有“1份”时，电动汽车和天然气汽车“抢食”就不足为奇了。但实际上，发展天然气汽车与电动汽车并不是对立的，在某些方面、某些阶段两者可以实现共同发展。

在国外，使用天然气和电池的混合动力汽车非常普遍，特别是在公共交通领域，在我国，有客车企业已开发出气电混合动力公交车，并进行了示范运行。不过，目前国家政策路线不明，对于气电混合动力汽车没有明确的扶持措施，对其商业化进程有一定的制约。

专家认为：从我国国情和技术水平出发，在客车领域，与电动汽车相比，未来3～5年内，我国应优先考虑发展天然气汽车，同时积极推进电动汽车的产业化进程。

2008年以来，我国提出大力发展“节能与新能源汽车”，而不是单纯提“新能源汽车”，是有深刻含义的。推广天然气汽车、电动汽车，都是发展节能环保汽车问题中应有之义。

2.LNG汽车

天然气经过高强度压缩(20～30MPa)后保存在高压气瓶中成为车用燃料CNG。天然气经过低温（−162℃）深冷处理后成为液态气体车用燃料LNG。

LNG的体积是天然气体积的1/625，也就是说，1L液态LNG可以生成625L气态天然气。因此，LNG汽车的续驶里程远大于CNG汽车，一般在400～500km以上，与燃油汽车相当。LNG的燃烧性能、储存性能、安全性能等为气体燃料中最佳。

CNG发动机与LNG发动机的主要区别在于，压缩天然气在进入汽缸前，需要有一套减压装置进行减压，液化天然气发动机则需要一套增压装置，将液态气经加压后变成气态气。

此外，二者的车载瓶也不同，CNG瓶要承受200个大气压，所以瓶壁厚、重量大；液化天然气瓶要保温，所以密封性比较好。

LNG车载瓶比CNG高压气瓶成本高，但重量轻，装载燃料量大于CNG；综合成本比较，同级别LNG汽车成本略高于CNG汽车。

目前，我国天然气汽车保有量已超过40万辆，主要是大中型客车和出租车，但大多以CNG为燃料，使用LNG燃料的汽车还没有普及。

普及LNG汽车，首先要建设大批LNG加注站，就像汽车需要加油站一样。目前，国内天然气资源比较丰富的地区都建有CNG加气站。由于CNG使用管道天然气，一旦管道供气不稳定，就会影响汽车燃料供应。LNG不使用管网运输，不会与管道“争气”。

LNG汽车加注站不需要大型压缩机，耗能比CNG加气站小，单车加注时间短。LNG泄漏后需要大量吸收热，不易很快燃烧，安全性好。

新型LNG加注站比CNG加气站占地小、节电、加液速度快、安全性好，可以和加油站合建。

新能源LNG公交车

LNG是通过专用低温液罐车从LNG液化厂运输到加注站的，现在国内低温液罐车的生产已具规模，既有整车槽车，也有半挂槽车。

LNG汽车的车载储液瓶是专门存放LNG的低温绝热瓶，可以存储-162℃的低温LNG，并在有效期内保持低温，新型LNG车载瓶安装有阀门、液位计、汽化器和电子控制系统，能使加注站的LNG快速注入液瓶，通过液瓶阀门管路进入汽化器，变成气态天然气，按一定压力送入发动机。

由于点燃方式不同，无论是新型发动机，还是柴油机改造的天然气发动机，除缸体、缸盖、曲轴、连杆等与柴油机基本相同外，进气方式、压缩比、配气机构都要重新设计，还要增加一套水冷装置。

现在，我国的LNG发动机技术已经达到很高水平。刚开始开发发动机时，我们的产品比不过康明斯发动机，技术水平低、可靠性差、节能性差。现在，康明斯的天然气发动机已经被自主品牌发动机挤出国内市场，自主品牌天然气发动机的可靠性与康明斯相当，气耗比康明斯低，价格低20%～30%。盛产天然气的东南亚国家如泰国、马来西亚、新加坡等大量进口我国的天然气发动机和汽车。

目前，我国的天然气汽车生产已经形成了规模，客车、货车、出租车都有，上公告的产品有上百种，并实现了批量出口LNG发动机和汽车。

随着我国天然气资源的不断发现，新疆、内蒙古等地区已经开始建设液化天然气站点。随着进口天然气的增加，深圳、福建、大连等沿海城市建起了液化天然气接收站，有些站已经开通使用，有了充足的气源，LNG汽车有了更广阔的发展前景。

现在世界上只有几千辆LNG汽车的保有量，其中我国有2000多辆，是世界上LNG汽车最多的国家。

2010年，新疆计划发展上万辆LNG汽车，深圳等地已在大力推广LNG公交车，5年之内，我国LNG汽车可能达到几万辆的规模。现在，别的国家还没有大规模开发LNG汽车。在这一领域我国走到了世界前面。

国家863计划《节能与新能源汽车》重大项目咨询专家组组长王秉刚说，LNG汽车是一种有高技术含量的清洁能源汽车，这种车更适合大型运输。经过这几年国家科技项目的引领，我国形成了LNG汽车从零部件到整车的完整研发体系，实现了商业化，形成了出口势头，有非常好的发展前景，一定会在我国汽车大家庭中扮演重要角色。

## 二、“吃素”的生物燃料汽车

生物燃料也是汽车新能源技术一个重要的发展方向，具有普通矿物燃料不可比拟的优势。由于其源头植物的光合作用能基本平衡掉生物燃料制造和使用过程中的$CO_2$排放，所以使用生物燃料也比普通燃油排放更清洁。

生物燃料主要包括生物柴油和乙醇。

法国环境与能源机构的资料显示，每使用1吨生物柴油就会减少2.1吨的$CO_2$排放；1吨乙醇汽油减少2.7吨的$CO_2$排放，所以生物燃料汽车可以说是真正的“低碳汽车”。

1.乙醇汽油

车用乙醇汽油是从玉米、小麦等粮食中提炼出来的乙醇与汽油调配所形成的一种新型燃料。

目前，我国汽油年消耗量约3600万吨，推广应用车用乙醇汽油已成为国家的一项战略性举措，这对有效解决剩余粮食深加工转化问题、稳定粮价和农民收入、减少环境污染、缓解石油资源紧张的矛盾都具有十分重要的意义。

乙醇汽油

从2002年开始，经国务院同意，国家发展与改革委员会等8部委决定在黑龙江、吉林、辽宁、河南、安徽5省开展车用乙醇汽油的试点工作，并在以后逐步加快了车用乙醇汽油的试点推广速度和推广范围。

车用乙醇燃料不仅在我国获得推广，包括美国在内的西方国家也在加强研究。根据美国媒体的报道，美国共有约2000座加油站可提供E85乙醇汽油。2007年，美国约3%的在用轻型车使用乙醇汽油，美国汽车“三大”提出，公司旗下50%的车型在2010年之前可以使用乙醇汽油。

据瑞典媒体报道，瑞典绅宝公司推出了世界上第一辆完全没有废气排放的轿车，这款敞篷轿车使用的燃料是百分之百的乙醇(E100)，这是世界上首款废气零排放的环保车。

目前在欧洲，乙醇汽油使用的比例是5%，而在巴西已经达到25%。然而，面对乙醇燃料的日趋发展，也有人对此表示忧虑，因为目前大部分乙醇由玉米等粮食加工而成。因此，外界担心推广乙醇汽油会削减粮食供给，造成食品价格上涨。为解决此问题，目前国内外都在开展第二代乙醇——纤维素乙醇的研发工作，这种乙醇由不可食用植物如木屑和柳枝制成。

我国中粮集团正与丹麦合作，预计纤维素乙醇生产装置不久将在黑龙江肇东投产。吉林燃料乙醇有限公司的一位人士也透露，他们正在上一个项目，是用秸秆生产燃料乙醇年产3000吨的项目。

纤维素乙醇生产是当前国际的前沿技术，掌握这项技术，就可以把废弃的玉米秸秆变成能够替代成品油的燃料乙醇。不过，该项技术若想降低成本，并在实际生活中应用仍需时日。

2.生物柴油

生物柴油主要产自油菜籽，还有大豆和向日葵，还可以以植物油或动物脂肪、废弃的食物油等为原料。植物油的生产靠压制，这种自然状态的油不能直接使用，需要和醛一起经过化学反应成为蔬菜甲基油脂，再与传统柴油混合，生物柴油以一定比例与石化柴油调和使用，可以减少油耗、降低尾气排放。

很多发达国家看好生物柴油的发展前景，并将生物柴油的产业化作为国家的重要战略。目前美国有4家生物柴油生产厂，年产量达30万吨，法国、意大利和日本三国的生物柴油年产量分别达40万吨、33万吨和40万吨。业内人士介绍说：“全世界植物生物能源每年的生长量相当于600亿～800亿（吨）石油，这种可替代能源的前景很好。”

尽管目前生物柴油的生产成本还比较高，在使用上也有些困难，但生物柴油的前途是光明的。

目前，生物燃料的成本是汽油的1.4～3倍，生物柴油制造成本的75%是原料成本，因此用廉价原料是生物柴油能否实用的关键。

据了解，目前，发达国家用于规模生产生物柴油的原料各有不同，其中美国主要采用大豆，欧盟主要采用油菜籽，东南亚国家主要采用棕榈油。在我国政府“不与民争粮、不与民争油”的政策指导下，通过对生物原料在油性、含油率和采取等方面的比较，我国将小桐籽生物柴油作为未来的发展方向。

我国政府已经认识到生物柴油的重要战略意义，为了鼓励和规范生物柴油产业的发展、防止重复建设和投资浪费，国家发改委已经做了相关安排，中海油的海南项目就是国家安排的项目之一。

据国家发改委相关人士介绍，发展生物柴油是一项复杂的系统工程，发改委有意选择那些具备生物燃料发展经验、能够承担重任的特大型国有石油公司，先行开展生物柴油示范工程。

据了解，发改委已经批准国家三大石油公司的生物柴油产业化示范项目，涉及的原料都为小桐籽。其中，中石油南充炼油化工总厂生物柴油的产能为6万吨，已于2008年完成建设工作；中石化贵州分公司年产5万吨的生物柴油基地已经部分投产，中海油海南年产6万吨的生物柴油项目正在建设中。国家发改委的相关人士说，发改委计划使我国到2010年形成20万吨生物柴油的年产能，到2020年形成年产200万吨的生产能力。

中海油相关人员透露：“虽然中石化、中石油已经建成生产基地，但由于原料问题，一直无法规模生产。目前，原料问题是制约生物柴油发展的主要原因。”

中海油这位工作人员说：“中海油没有迫切地要求海南生产柴油项目尽快完工的主要原因，是在小桐籽收购价格问题上，无法与农民达成一致，农民还没有开始大面积种植小桐籽。”

时任云南种宇新能源有限公司总经理苟平说：“2007年，云南省的小桐籽种子的收购价已超过每千克6元，这意味着每吨生物柴油的价格将达到数万元，远远超过普通柴油四五千元的成本。各大石油公司不可能以这么高的价格收购小桐籽。”

由此可见，原料价格已成了我国发展生物柴油的拦路虎。

当然，为了降低生物柴油的生产成本，也可以采用除小桐籽之外的其他原料，例如在2010年上海世博会期间，中国馆向观众展示了利用微藻制取生物柴油的新技术。据了解，与利用玉米等粮食作物制取生物柴油相比，海洋微藻产量高、繁殖快、对生长环境要求低，盐碱地都能生长，不存在与民争粮的问题；易粉碎，处理加工相对简单，生产成本低；生长过程中可以吸收大量二氧化碳，具有良好环保效益。种植微藻，制取生物柴油，为用油大户——汽车提供了新的清洁燃料来源。

小桐籽

## 三、“喝酒”的煤基燃料汽车

1.甲醇汽车

甲醇又名木醇、木酒精，是一种无色、透明、易燃、易挥发、略有酒精气味的液体，有毒。甲醇是一种简单的饱和醇，能与水、乙醇、乙醚、苯、酮以及其他许多有机溶剂相溶，遇热、明火或氧化剂易燃烧。

生产甲醇的原料主要是煤、天然气、煤层气、焦炉气等。用高硫劣质煤和焦炉气生产甲醇，可提高资源综合利用，又有利于环境保护。

甲醇用途广泛，是基础的有机化工原料和优质燃料，主要应用于精细化工、塑料等领域，还可以用来制造甲醛、醋酸、氯甲烷、甲氨、硫酸二甲酯等多种有机产品，也是农药、医药的重要原料之一。甲醇在深加工后可加入汽油掺烧。

甲醇汽油是将车用燃料甲醇与现有国标汽油按一定比例（体积或重量）调配制成的一种清洁燃料。

甲醇汽油的理化性能接近汽油，使用甲醇汽油、发动机不需做大的改动。甲醇与汽油相溶性较好，可实现各种比例掺混。世界各国根据不同国情，研发了M3（3%甲醇，97%汽油）M5、M15、M20、M30、M50、M85、Ml00等不同掺混比例的甲醇汽油。

由于掺混了一定比例的甲醇，与普通汽油相比，甲醇汽油有两大特点：一是具有极佳的冷却作用，可以降低发动机温度，不致过热；二是具有较强的抗爆能力，发动机能够在较高压力下正常工作而不会产生爆燃。

甲醇是含氧化合物，燃烧完全，甲醇汽油在汽车发动机中能量利用率高于汽油，经济性好。目前，国内M15甲醇汽油的使用量最大，在部分地区已应用于各类汽车。

甲醇汽车，顾名思义，就是以甲醇汽油为燃料的汽车。在我国甲醇汽车有着广阔的发展前景。业内人士介绍说：我国能源分布的总体特点是富煤炭、缺油气，可再生能源有限，目前我国可预见的能源中，只有煤炭可以采掘百年以上，而我国煤炭储量中高硫煤占40%～50%。这种劣质煤不能当作一次能源使用，但可以采用洁净技术，将高硫劣质煤制备成替代石油的二次能源——甲醇。甲醇可以低成本大量供应，到2008年年底，我国甲醇产能达2083万吨，产量为1061万吨，目前还有许多年产60万吨以上的大型项目在建，资源量非其他替代能源可比。

国家标准化管理委员会颁布的《车用燃料甲醇》和《车用甲醇汽油(M85)》国家标准已分别于2009年11月1日、12月1日起实施，这表明国家已将甲醇列入能源产品，甲醇从此有了基础有机化工原料和能源产品的双重身份，“名正言顺”地成为替代能源的一员。

业内人士表示，两项国家标准的发布实施，使企业生产甲醇燃料有标准可依，整个车用甲醇燃料市场将更加规范，同时也有利于汽车生产企业研究开发甲醇汽车。

目前国内市场上乙醇汽油和普通汽油的价格基本一致，93号汽油的均价在8000元/吨左右，而市场上甲醇汽油的批发价格仅在2000～3000元/吨，零售方面1L甲醇汽油要比普通的汽油便宜3～5角，可见甲醇汽油相对普通汽油具有明显的成本优势。

据了解，山西省在全国最先试验开发甲醇汽车，目前甲醇公交车已在该省的长治市街头正常运行。

另据了解，目前奇瑞公司在甲醇项目上已投入近3000万元，开发了两款发动机及新旗云甲醇轿车。后续，奇瑞公司还将加大投入，形成年产3万台甲醇发动机和2万辆整车的生产能力。

此外，上海华普公司研发甲醇汽车始于2005年年底，经过近5年的研发，无论是动力性、燃料经济性还是环保性，各项性能指标均达到较高水准。

但是目前甲醇汽车在国内还不能合法上路，因为国家还没有出台甲醇汽车的相关法规，甲醇汽车还无法登上国家汽车公告目录。

目前业内专家对于燃料甲醇尚有很多顾虑，因为燃料甲醇面临的最大问题是，甲醇泄漏就会污染环境，燃料甲醇也会生成有毒物质甲醛。美国曾试验用燃料甲醇，最后也被迫取消。另外行业内普遍关注的还有：甲醇生产过程中耗水量大，并排放大量二氧化碳等。故至今国内专家对发展甲醇汽车仍存在着争议。

2.甲醚汽车

DME的中文名为二甲醚，又称甲醚，简称DME，它是一种无毒含氧燃料，常温、常压下为气态，常温下可在0.5MPa的压力下液化，易于储存与运输，能实现高效清洁燃烧。作为洁净的二次能源，DME广泛用于汽车、发动机热泵、大型燃气轮机、燃料电池及家庭灶具、热水器等。

1995年以来，丹麦技术大学、Haldor TopsorAlS、Navistar、AVL、AMOGO等公司相继对二甲醚用于柴油机进行了研究。由于二甲醚(DME)燃料的卓越性能，近年来欧美、日韩和俄罗斯等国家十分看好二甲醚汽车的市场前景和环保效益，纷纷开展二甲醚燃料发动机与汽车的研发。在日本JEE公司、产业技术综合研究所等，近年来分别研制了多种二甲醚货车样车和城市客车样车，建立了数个二甲醚车用加气站，计划在政府支持下规模化推广二甲醚汽车。

FH卡车

在欧洲，沃尔沃已经生产了以DME作为燃料的FH卡车，并有14辆卡车进行试验。合作伙伴PREEM能源公司将建立更多的DME能源站，为卡车提供足够的DME能源，以保证卡车的运行。

DME作为一种清洁能源，它的生产原料来源可谓广泛至极，沃尔沃开发的这个项目将从一种叫作“黑酒”的物质中提取，这是由纸浆厂生产的一种高热量、高黏度的液体。相比柴油，DME可以减少95%的$CO_2$排放，对大气环境的污染和臭氧层的破坏程度也就相应地降低了。

DME只需要5bar的压力即可液化，因此它也可以作为液化天然气(LPG)的替代者，甚至还可以与液化石油气混合使用，在清洁能源时代将发挥越来越大的作用。

我国的二甲醚发动机和汽车研究与发达国家几乎同步，上海交通大学、西安交通大学、天津大学等近10年来相继开展了二甲醚燃料喷雾和燃料特性、发动机和汽车研究。

我国第一辆二甲醚城市客车在上海交通大学研制成功，经国家重型汽车质量监督检测中心和国家机动车产品质量监督检验中心检测，该车动力强劲、碳烟排放为零，彻底解决了城市公交车冒黑烟的问题。

我国二甲醚的资源丰富，世界上规模最大的二甲醚生产企业已在内蒙古建成。

二甲醚作为补充燃料，有利于优化我国能源结构，减少石油资源的依存度，有效地保护环境，特别是以二甲醚作为汽车燃料具有很大优势。

但目前在国内对发展二甲醚汽车也存在争议，有人认为，二甲醚虽然最清洁，但是生产成本较高。甲醇是生产二甲醚的原料，液态的甲醇可以在汽车上直接使用，是否有必要再将其转化为气态的二甲醚值得探讨。另外，使用二甲醚还涉及基础设施建设问题，而甲醇则没有。

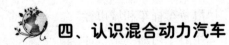

## 四、认识混合动力汽车

1.混合动力汽车的种类

(1)油电混合动力

通常所说的混合动力一般是指油电混合动力，即燃料（汽油、柴油）

和电能的混合，这里内燃机为主动力源，而电动机为辅助动力。

油电混合动力又分为汽油电混合动力和柴油电混合动力。日、美混合动力汽车大多采用汽油机作为主动力源；欧洲混合动力汽车装配汽油直喷发动机和清洁柴油发动机的都有，而以柴油混合动力为多数，例如，法国标致雪铁龙集团(PSA)在“标致307”及“雪铁龙C4”上配备的柴油混合动力系统，其主动力源来自最大输出功率为66kW的1.6L HDi柴油发动机，辅助动力为无刷直流电动机。

标致307

(2)气电混合动力

丰田曾发布一款带有压缩天然气混合动力系统的凯美瑞混合动力车。

韩国的代号为HDLPI的混合动力车是世界上第一辆以LPG液化石油气驱动的混合动力车。

(3)燃料电池混合动力

在2000年初北美国际车展上，通用公司发布了燃料电池混合动力车Precept。这里燃料电池为主动力源，而电动机为辅助动力。

(4)汽轮机混合动力

瑞典的沃尔沃汽车公司1992年发布了环保型汽轮机混合动力概念车ECC,它由41kW的汽轮机和56kW电动机等构成。

2.混合动力的代表车型

(1)克莱斯勒的串联混合动力车

在2009年1月的底特律北美车展上克莱斯勒发布了配备有发电用小型汽油机的串联混合动力概念车Chrysler200CEV和Jeep Patriot EV。该公司曾于2008年9月发布了两款串联混合动力车Wrangler（牧马人）Unlimited EV和Town&Country EV。

200C EV是一款采用后轮驱动底盘的4座轿车，车身尺寸为4879mm×1870mm×1455mm，轴距为2948mm，配备与Wrangler Unlimited EV。

一样的具有200kW最高输出功率的发动机，可利用家用电源充电的锂离子充电电池以及该公司的一体型汽油机。发电用发动机的额定功率为55kW，低于Wrangler Unlimited EV及Town&-Country EV。

克莱斯勒的PatriotEV以现行Patriot的后轮驱动款为基础，实现了串联混合动力功能。与200CEV不同，采用的是最高输出功率为150kW的发动机以及额定功率为45kW的发电用发动机，电池为锂离子充电电池。

虽然4款串联混合动力车的发动机输出功率及发动机的发电量各不相同，但持续行驶距离却相同。不使用发动机而只使用充满电的锂离子充电电池的电力时，4款车均可行驶64km，通过发动机发电，持续行驶距离可达到640km。

(2)标致雪铁龙的并联柴油混合动力汽车

PSA公司在2010年投放市场的柴油混合动力汽车，是利用电动机进行辅助的并联驱动方式。

电动机可通过减速时回收能量来向电池充电。当车速在50km/h以下时，仅凭电动机行驶。在加速及电池没电时，便会自动切换至发动机驱动。为了使发动机停止工作后仍可凭借电动机行驶，在发动机与电动机之间采用了干式离合器。

电动机在连续使用时的额定功率为16kW，可产生80N·m的转矩；在超车等情况下进行暂时辅助时，最大输出功率为23kW，最大转矩为130N·m;电动机与逆变器连接时，依靠210～380V的电压运转。在汽车后部通常用于配备备用轮胎的位置上，配备了由240个电池单元构成的镍氢电池。充电电池的容量为6.5A·h。普通电压为288V，仅凭电动机可持续行驶5km。柴油混合动力汽车的燃油消耗为3.4L/100km，比汽油混合动力汽车提高25%，每100km可节省1L左右的燃料。

(3)丰田的串并联混合动力汽车

①丰田混合动力系统(THS)

Prius的动力和驱动系统首先将发动机输出的动力通过动力分配机构分解为发电机的驱动力和车轮的驱动力。发电机产生的电力一边供给车轮驱动用的电动机，一边通过变换器把交流变成直流给电池充电，电池又通过变换器把直流变成交流，给驱动电动机供电来驱动车轮。此部分为串联式混合动力部分。另一方面，尽管发动机输出动力中的车轮驱动力部分通过变速器来驱动车轮，但在此驱动轴上还有电动机，还可增加电动机来增加驱动，此部分为并联式混合动力部分。这样，Prius的发动机、电动机混合动力系统就由串联成分和并联成分构成复合式混合动力系统，这种系统构成在丰田被叫作丰田混合动力系统。

THS系统有几种基本的工作模式，即启动、低速、普通行驶、全力加速、减速、制动、停止等。启动时以极低的速度行驶或缓坡下坡时，发动机在低效区运动，这时将发动机停止，让电动机单独驱动来行驶。普通行驶时，发动机和电动机共同来驱动车轮，发动机的动力通过动力分配机构分为两部分：一部分用来驱动发电机发电，产生的电力供给电动机来驱动车轮；另一部分用来直接驱动车轮。

Prius

车辆全力加速时，发动机保持最高转速、输出最大功率，电池也输出电力，这样，和同一排气量的传统发动机比，加速性能提高了10%。

制动时，停止发动机的空转，车轮驱动电机发电，给电池充电。这样，将车辆的一部分动能回收。回收的电力储存在电池中，这样也就降低了燃油消耗率，车辆停止时，发动机也自动停止，这在避免能量损失的同时，也避免了尾气排放。

为了让发动机工作在各转速对应的大转矩区域，丰田普锐斯使用了特殊的无级变速机构CVT，使发动机工作在高效区。当发动机低速运转，输出转矩不足时，由低速时输出转矩较高、效率也比较高的电动机的转矩来补充。因此发动机的平均效率约提高了80%，而且还因为减速制动时的能量回收，在10～15工况的尾气排放测试时，与传统的发动机汽车相比较，燃油经济性提高到2倍，即3.57L/100km。$CO_2$排放量减少到一半，CO、HC、$NO_3$大幅度降低到日本法规值的大约1／10。

配置THS的汽车，与传统的发动机相比，燃油经济性得到提高，其中发动机的效率提高占53%，发动机停机占27%，制动能量回馈占20%。当然各部分所占的比例随行驶工况变化而变化。对于欧洲的ECE City工况来讲，各部分所占比例分别为56%、20%、24%。对美国的US City工况来说，各部分所占的比例为59%、13%.28%。发动机的效率提高和制动能量回馈的成分增加，发动机停机所占的比例有所减小。

②Prius轿车更新换代

丰田于1997年投产的第一代普锐斯混合动力汽车搭载一台1.5L四冲程可变气门正时系统的汽油机。蓄电池采用38个密封镍氢蓄电池，采用高效、紧凑型永磁同步交流发电机和电动机，交流电动机的功率为32kW，第一代Prius的油耗28km/L，它被评为1997年世界100项最佳科技成果之一。

丰田公司的第二代Prius轿车于2003年秋季上市，该车采用全面更新后的平台，轴距增加了152mm，达2700mm，使车内空间由紧凑型扩展到了中级车的容量。采用全新的“协同作用混合动力驱动”方式，其动力装置中的汽油机和电动机既可单独驱动以适应不同行驶环境，又可协同驱动整车，通过新增加的电压转换器，将来自镍氢金属电池的电流增加到500V后输向大功率(50kW)永磁电动机，产生高达400N·m的转矩(0～1200r/min)，两者协同以后，在车速为85km/h时得到82kW的最大功率，在车速为22km/h时得到478 N·m的最大转矩，其他车速下的功率和转矩视两种动力协同配合的情况而定，无须驾驶员操心。

底盘采用电控无级变速器、电控制动及电控转向。由于采用电控系统，上述操作均无机械连接，仅靠电信号输送来完成动作。例如，车上没有换挡杆，只在仪表板上有一个操作手柄来实现换挡。空调系统也是电驱动的，因此即使汽油机不工作也能有冷风。电控节气门、按钮式点火和遥感式门锁开启装置，使该车不用插钥匙即能启动（但要有钥匙供遥感识别）。

第二代Prius的五门掀背式车身造型接近于单厢式，从侧门看一个三角形的前端，极具动感，其风阻系数只有0.26，这在一般轿车上是不易做到的，超低阻不仅降低了油耗，据称第二代Prius的油耗为31km/L，其排放污染物又较第一代老款Prius减少了30%。

在2009年1月的北美车展上，丰田公司首次公开第三代普锐斯混合动力轿车，其发动机排量和功率扩大，电池容量未变。

丰田的第三代混合动力车Prius在保持第二代普锐斯设计理念的基础上，提高了实用燃效。

混合动力系统方面，排量1.8L的直列4缸阿特金森发动机配套使用输出功率为60kW的驱动发动机、两段式减速齿轮和1.3kW/h的镍氢充电电池。特别是：发动机排量由第二代普锐斯的1.5L提高至1.8L，发动机输出功率由40kW提高至60kW。

为提高效率，发动机配备了EGR和可在短时间内加热冷却水的余热回收系统；另外，还采用了电动水泵，是丰田汽车的首款无传送带的发动机；除发动机以外，还减轻了传动轴的重量，使扭矩损失较原来减少了20%。

燃效方面，在美国EPA方式的City/Highway Combine模式下为50mile/gal，比第二代普锐斯在该模式下的46mile/gal提高了约10%。该公司称，通过改进混合动力系统取得的效果占6%，通过改进Cd值为0.25的空气动力特性和轮胎滚动阻力等车体性能取得的效果占4%。

新款普锐斯的车身尺寸为4460mm×1745mm×1490mm，轴距为2700mm，与第二代普锐斯相比，车身延长了15mm。发动机的最高输出功率为73kW，比第二代普锐斯高出17kW。混合动力系统整体的最高输出功率由原来的81kW提高至100kW。新款普锐斯配备的是两段式减速齿轮，低速行驶时可产生更高的扭矩。

此外，新款普锐斯的车顶配备有京瓷生产的太阳能电池，安装了通过电池发出的电力给车内换气的太阳能通风系统。另外，还配备了远程空调系统，可通过智能钥匙带的空调开关从车外启动空调。

新款普锐斯

该车已于2009年5月中旬在日本上市，之后以欧美为首，陆续开始在全球的80个国家销售，该公司计划在美国一年销售18万辆。

3.混合动力汽车的节能途径

从以上丰田混合动力汽车Prius的案例分析可见，混合动力汽车是在传统汽车基础上发展起来的一种技术，其主要目的是为了提高整车经济性能，达到节能减排的目的。由于传统汽车是由单一动力源组成，所有动力均来自发动机，使得由最高车速、最大爬坡度及极限加速性等动力性要求设计的发动机功率，与整车平常行驶工况的功率需求之间存在较大差别，如国外某汽车公司在设计某传统汽车时，为保证其加速性和爬坡性能，发动机的最大功率选定为车辆以100km/h在平路上行驶时需求功率的约10倍，或者是在6%坡度上以100m/h行驶时需求功率的3~4倍。因此，传统汽车势必导致发动机大部分时间是以轻载低负荷工作，即出现“大马拉小车”的现象。由于发动机在低负荷工作时的效率与排放极差，从而造成整车燃油经济性与排放恶化，这是传统汽车单一动力源本身特性所决定的固有缺陷。

而混合动力是为了克服这种缺陷而出现的一种驱动系统，它由两种动力源组成——发动机与电动机，可以通过选择较小发动机来满足整车平常大多数情况下的功率需求，而当较少出现的极限驱动要求时由电动机协助完成。由于发动机选择较小，一方面本身就可以降低其能量消耗与改善排放性能；另一方面可大大提高发动机本身工作负荷率，从而改善了整车效率与排放性能。同时，由于电动机的加入，使得在传统汽车难于实现的消除怠速，变得很容易实现（发动机可通过电动机自动控制瞬间起停）。并且，电动机与发动机之间的工作点可以相互进行补充，即可用电动机调节发动机工作在高效区域。另外，电动机还可对制动能量进行回收，以提高整车经济性能。

综上所述，混合动力汽车从以下四方面达到节能的目的：

(1)选择较小的发动机，从而提高发动机负荷率；

(2)改善控制策略使发动机工作在高效区，以改善整车的燃油消耗；

(3)取消发动机怠速以节省燃油消耗；

(4)对制动能量进行回收。

混合动力汽车上述四点节能途径是由其增加了一动力源本身特点所决定，因此，可从根本上消除传统汽车“大马拉小车”的顽症。

4.混合动力汽车的混合度选择

如上所述，混合动力汽车的主要技术优势之一，就是从根本上解决了传统汽车由于“大马拉小车”而导致的油耗居高不下的问题。而这种技术优势能否得以充分发挥的关键是通过科学合理地选择混合度，实现真正意义上的“车马匹配”。所谓的“车马匹配”则包含两层含义：一是通过采用混合动力技术，车辆的总功率是可以根据实际需要变化和调节的，在正常行驶条件下，电助力系统可不参与工作，这相当于传统汽车上采用的“断缸”技术的另一种形式；二是通过合理减小发动机功率，可有效提高其负荷率，从而改善整车的燃油经济性。

## 五、电动汽车

2009年11月25日召开国务院常务会议，11月29日，会议决定见诸媒体，传遍世界。中国政府郑重宣布：到2020年，我国单位GDP二氧化碳排放量要比2005年减少40%～45%。在中国“低碳汽车”发展历程上，2009年11月25日是一个具有里程碑意义的日子。我国实现2020年40%～45%的二氧化碳减排目标，汽车企业压力很大。如前所指，我国实现汽车减碳目标，有多条可行途径，而其中以发展电动汽车为主。

1.电动汽车技术的分类

电动汽车技术主要分三类：一是纯电动；二是增程型电动；三是双模电动。

(1)纯电动

这种技术的原理最简单，也最普

LEAF

及，就是电池加电机。电池的电，都靠插电充电的。

日本对生产开发电动汽车很热心，日本最早生产的电动车是hijet。

目前在日本发布的电动乘用车一共有4款：三菱iMiEV和斯巴鲁充电式斯特拉，于2010年上市的日产叶子和丰田充电型普锐斯。

此外，三菱卡客车公司也提出计划，在2012年完成电动客车的车型开发以及道路试验，于2013年投放日本市场；五十铃开发的电动客车已于2012年实现量产。

现在制约纯电动汽车普及的主要问题有两个：一个是价格过高；另一个是使用不方便，充电时间太长，而且一次充电后的持续行程太短，充电设备、充电站等配套设施不完善。

在使用性能方面，电池的使用寿命也是较受关注的问题之一。据三菱iMiEV的研发负责人回答，该车使用的电池可充电1000次以上。实际上在开发过程中，已经对电池做过1000次充放电的试验，按照iMiEV一次充电行程160km计算，即使电池性能会随着使用逐步劣化，1000次以上的充电也可以保证使用寿命达到16万km。

在已发布的日本4款电动汽车中，丰田可充电型普锐斯与其他三款较为不同，该车可通过对车内蓄电池充电而完全依赖电池行驶。但是受车内电池的布置空间（其他电动车型都是将发动机舱用来放置蓄电池，而普锐斯显然没有这个空间）和电池技术的限制，单独依靠电池的行驶里程只有20km（现在的实验数据）。所以这款车目前来说，还不能算作真正意义上的纯电动汽车。现在，可充电型电动汽车在美国被称为插电式电动车，以区别于纯电动汽车。

2.增程型电动

增程型电动车并非纯电动车，也不是所谓的“插电式混合动力车”，而是一种全新的类型。雪佛兰Volt电动车是其代表车型。

在雪佛兰Volt身上汽油机与锂电池并存，它能够在零油耗零排放的条件下依靠纯电动行驶60km的里程，并且可以通过标准家用220V电源在3h内完成充电。汽油机的存在意义是摆脱纯电动车的里程局限，从这个角度来看，Volt更像是匹配了汽油机的电动车。

Volt的动力来自220个锂离子电池组成的电池组和一台1.4L直列4缸发动机，前者作为主要动力，可以产生大到110kW的最大功率与370N·m的瞬时扭矩输出，从而实现161km/h的最高车速，当行驶里程小于60km时，Volt完全只依靠锂离子电池所储备的电力来驱动。当电池耗尽时，Volt则通过燃烧汽油或E85乙醇燃烧的1.4L发动机向车载电池组充电。而在电池组完全充足电之前，Volt可以依靠车载发电机继续行驶数百千米。与传统的电池电动汽车不同的是，Volt电动车彻底消除了人们对行驶距离的顾虑，它可以使驾驶者完全不用担心由于电池电量耗尽而进退两难所带来的尴尬。

雪佛兰Volt还可以通过标准家用220V电源为车载电池进行插入式充电。Volt所具备的智能充电技术可以确保Volt的车载电池能够在3h内完成充电。当然，如果电池电量没有完全耗尽，充电的时间也会相应地缩短。所以Volt增程型电动车可视为充电型或插电式电动车的新发展。

根据通用汽车在欧洲地区所做的测试，如果使用夜间电价计算标准，雪佛兰Volt每千米的能耗成本只有一辆传统汽油车型的1/6。

为了Volt，通用公司不惜投入大量资金进行配套建设，在密歇根州Flint建造的4缸发动机厂无疑是其中较大的手笔，耗资3.7亿美元。在这之前，通用在北美并无如此小排量的发动机。当然，它也不仅是只为Volt服务，同时还提供给另外一款雪佛兰的新车Cruze。按照计划，该工厂已于2010年投产，新工厂主要生产两种发动机：匹配在雪佛兰Cruze上的1.4L涡轮增压发动机，以及用于Volt上的1.4L汽油发动机，通用称这些发动机将使用一系列提升性能的技术，例如更轻的连杆、特别的油泵、更优化的气门正时等，它们具有更好的经济性、耐久性。

除了金钱方面的投入，通用对于Volt寄予的厚望众所周知，在2008年举行的百年庆典上，压轴大戏就是对这款两年后才生产的量产车进行揭幕，并称为“将通用带入下一个世纪”的车型。

通用公司推出雪佛兰Volt增程型电动车体现了其创新的设计理念。现今，Voltec技术已被作为一项专门的电动汽车技术被广泛应用。2010年北京车展展出的通用Volt MPV5即是其中的一例。

通用Volt MPV5概念车采用与雪佛兰Volt相同的Voltec动力系统，由一个16kW容量的锂电池组供电，在满载高速行驶的情况下，依靠Voltec驱动系统提供的纯电力驱动可行驶51km，可满足城市居民每天上下班的代步需求。同时，Volt MPV5配装1.4L发动机可提供480km左右的续驶里程，彻底消除人们对电动车行驶里程短的顾虑。

3.双模电动

比亚迪双模电动汽车F3DM的双模(DM)概念，代表两种驱动模式：纯电动(EV)模式和发动机驱动混合动力(HEV)模式。有电就用电动车，电用完了就自动转到发动机驱动混合动力模式。短途用电、长途用油，如果充电站普及了，则双模就变成单模，即纯电动车。目前因为没有普及充电站所以必须要挂一个发动机备用。

比亚迪双模电动汽车F3DM

F3DM双模电动车采用纯电动(EV)+混合动力(EV+HEV)的两条腿走路，即发动机与电机Mi形成HEV单元，电机M2自已形成EV单元，这样就形成了两套动力系统。电动机Mi是25kW，M2是50kW。1.0L发动机最大功率是50kW，使F3DM输出功率达到了125kW，并达到30L发动机的动力输出水平。纯电动行驶时电池的瞬间功率可以超过100千瓦，瞬间放电可以达到800A。实际上这个车是一部纯电动车，只是外加了一个发动机。

电机M2是车辆的主动力源，不管你是EV还是HEV+EV模式，它都是第一主力，M2的第二任务是减速时回收电能反馈给铁电池。当采用EV模式时发动机和电机Mi是不工作的，被断开了，当需要发动机介入工作时，电机M1的首要任务是启动发动机，接着是作为发电机为铁电池充电，而在需要苛刻的最大动力需求时，它又能作为发动机输出动能。F3DM和一般的混合动力车有着很大的区别，用户可以通过按键，使车辆在纯电动(EV)和混合动力(HEV+EV)这两种模式之间自由切换。

比亚迪开发了环保的铁电池（因这个电池由于含有磷酸铁成分，故简称铁电池），它的一大特点是不怕热，不像镍氢电池和锂电池需要空调冷却，这下也节省了不少工艺。这个电池组是由100块3.3V电池串联而成，厂家表示，电池充电循环次数可达2000次以上，也就是电池的持续里程寿命大于60万km。

中国人每天的日常行驶距离大概在40～60km，比亚迪设计成100km，基本上能满足95%的出行要求。作为一个上班族，买比亚迪F3DM这种车实际上就是买了一个纯电动车，充电时间大概是7h，快速充电需要充电器，要快速充电的话，就可以做到10分钟充50%的电，慢速充电用家里的220V电源就可以了，因为有一个车载充电器内置在车上，不过只能慢速充电。

电动汽车根据所采用的电池不同还可以细分为铅酸电池电动车、锂电池电动车和镍盐电池电动车等。采用铅酸电池的纯电动汽车目前已经不多了，在国内的代表车型是奇瑞QQ3和吉利EK-1。

锂电池电动汽车又可以进一步细分为：锰酸锂电池电动车、聚合物锂离子电池电动车和磷酸铁锂电池电动车等。

锰酸锂电池电动车的代表车型有北汽福田迷迪电动汽车。2010年北京车展上展出的阿尔特竹风电动车也用的是锰酸锂离子电池，竹风是一款具备量产基础的小型电动车，它的设计师是可尔特汽车技术公司的两位女性。它的动力系统由一台60kW的永磁电动机和100A·h的锰酸锂离子电池构成。续行里程180km，最快车速可轻松达到145km/h，在快速充电模式下，仅需30分钟就可充满80%的电量。

长安奔奔MINI纯电动轿车

聚合物锂离子电池电动车中，国内的代表车型有长安奔奔MINI纯电动轿车和长安Green-i电动车等。而宝马MINIE和日产LEAF是国外聚合物锂离子电池电动车中较有影响的两款车型。

目前采用磷酸铁锂电池被认为是一个发展方向。近年来，我国自主品牌的电动汽车中很多采用了磷酸铁锂电池，其中代表车型有：比亚迪E6、力帆620EV、力帆320EV、吉利EK-2、北汽C70EV、北汽C71EV、金杯海狮第六代纯电动车、上汽EI纯电动车，瑞麒MIEV、瑞麒M3EV、瑞麒G5EV等。

电动汽车又有豪华型和紧凑型之分，目前奔驰、宝马、奥迪等豪华车都已推出环保节能的高档电动车。

例如，奥迪在2009年法兰克福车展重点展出全新概念跑车e-tron。该车外观与奥迪R8相似，但它是电机驱动的纯电动车。

e-tron配装4台电动机，分别位于前轴和后轴上，实现4轮驱动。供应电力的电池位于驾驶舱后方中央。e-tron的续驶里程为248km。

2.电动汽车的关键技术

电动汽车的关键技术主要包括：以动力电池和充电设施为核心的能源系统，以驱动电机和传动系为核心的动力系统；以协调控制各个系统，保证整车安全、高效、舒适运行为核心的整车控制系统

(1)电池技术

作为电动汽车心脏的蓄电池，其比能量决定电动车的续驶里程，比功率则影响最高车速、加速性及爬坡能力。

目前电动汽车上使用的电池有：铅酸电池、镍镉电池、镍氢电池、镍金属氢电池、钠硫电池和锂电池等，其中铅酸电池过去在汽车上用得最广，而锂电池是业内公认的发展方向。

(2)充电技术

电池充电时间的长短对电动汽车的推广使用至关重要，据最近媒体报道：麻省理工学院研究人员发明了一项充电材料表面处理技术，采用新技术的锂离子电池可在几秒内完成充电。

一块锂电池完成充电一般需要6分钟或更长的时间，但传统的磷酸铁锂材料在经过表面处理生成纳米级沟槽后，可将电池的充电速度提升36倍(仅为10秒)。

采用该项技术的锂电池亦具有高放电速度，因此可用于油电混合汽车的加速，使油电混合汽车的速度可赶上采用汽油发动机的汽车。

MIT的研究发现，因磷酸铁锂材料表面可将锂离子送往块体材料内部的通道数量有限，从而导致充电过程中锂离子的传送速度受到了制约。

通过积累多年的经验，研究者发现：对磷酸铁锂材料进行表面处理使其生成间隔仅几纳米的多条凹槽，可将锂离子的传送速度提高36倍。

通过采用这项技术，电池充电将不再受锂离子传送速度制约。这意味着以后锂电池不仅能更快速地完成充电，也能更快速完成放电。

研究人员表示，今后采用这一技术的手机和其他小型装置用锂电池将可在几秒内完成充电。对于新兴的电动汽车行业来说，这意味着届时电动汽车的车速将可以提升到与燃气汽车相媲美。

现在中国已有很多车企都在电动汽车方面下足工夫，但是电动汽车市场一直难打开局面。中国需要快速制定电动汽车及配套设施建设的相应法规，不要造成电动汽车技术与市场先行一步，而把电动汽车配套设施建设放在最后发展，这将严重制约电动汽车抢占市场的步伐。

在我国发展电动汽车，建设充电设施是必要条件，目前，充电设施主要分充电站和充电桩两种：充电站通常主要提供快速充电服务，辅以用于慢速充电的充电桩；充电桩则只能提供慢速充电。

据介绍，快充用时一般只需10～30分钟，这种模式不能把电池完全充满，只能为电池充电50%～80%，以满足继续行驶的需要；慢充至少需要3h，能够把电池完全充满。

目前，国内已建成或在建的充电设施主要是充电站和充电桩。在充电站中，一般配有多个快速充电插头和少数慢速充电桩。一些城市计划在住宅小区、停车场和超市等公共场合建设充电桩。

专家认为：两种充电设施各有优劣，要因地制宜选择适合本地的设施种类。以快充模式为主的充电站具有充电时间短、充电效率高的优点，但快充模式必须使用较大的电流和电压，这对充电的技术方法和安全性提出了较高要求。因此充电站比充电桩耗费的建设和管理成本高很多，规模应该与加油站相当。

不仅如此，由于目前车用电池技术尚不成熟，快充模式对于电池损伤很大。专家认为，快充模式相当于在极短时间向电池强行“注入”电能，电池很容易不堪重负，快充几次后，电池寿命会大大降低，消费者是在为降低了使用寿命的电池买单。同时不能忽视的是，仅靠充电站无法支撑大规模的电动轿车充电。如果未来全国的电动轿车都依靠充电站进行充电，那么由此衍生的用地面积和管理成本将非常惊人。因此，充电站更适合为数量较少的公共交通工具提供充电服务。

专家介绍说，充电桩占地面积很少，路边只要有1$m^2$的空地，就能建设一个充电桩，成本较低，很适合在城市中的超市、停车场、住宅小区等车辆密集停放的区域建设。更重要的是，充电桩以慢充模式为主，需要的电流较小，安全性能够得到保障。同时能够延长电池使用寿命。但这种模式的缺点同样很明显，在车辆有紧急运行需求时，不能及时实现充电。

综合两种充电模式的优劣，目前我国更适合建设充电桩，尽管充电速度较慢，但充电桩具有成本低、建设方便的巨大优势。在电动汽车发展的初级阶段更符合市场需求。

短期来看，充电站受制于技术、成本等因素的影响，建设速度不宜太快，目前在我国充电桩的建设可以先行一步。

其实，建设充电桩和充电站并不矛盾，在城市中心，以快充为主的充电站也是对充电模式的丰富，能够满足对充电速度有要求的消费者。未来，充电桩和充电站将共同发展，充电桩的数量会多些。据了解，日本东京目前有87个充电站，超市、住宅附近的充电桩则随处可见。电动机的演变，介于同步电动机和感应电动机之间的一种不用永磁体的同步式开关磁阻电动机，被戴姆勒—奔驰公司的电动汽车所采用，专家认为，这种开关磁阻电动机在电动汽车上的应用很有发展潜力。

3.驱动装置

纯电动汽车采用的驱动装置目前主要有三种类型：交流感应电机、永磁电机、交流无刷电机。交流感；应电机成本低、可靠性高，但效率较低；永磁电机结构紧凑、效率高，其缺点是永磁材料成本高；交流无刷电机扭矩和功率在较大转速范围内稳定，控制简单，但同样存在有成本高的问题。综合各种电机的优劣势来看，永磁电机略有优势，广泛应用于绝大多数OEM企业。

(4)电控系统

电控系统主要包括电控单元、变频器、逆变器、能源管理系统等。这一领域现在被国外零部件厂商如博世、大陆、日立等供应商所垄断，目前国内尽管有很多电器企业，但对于应用在电动汽车上的电控系统都缺乏技术和经验。尤其是能源管理系统更是电动汽车研发的短板。

车载能源管理系统或称电池管理系统(BMS)是集电池信息采集、电量估计、报警、通信、热管理以及均衡功能的电子系统。

由于车载能源系统是一个巨大的电池组，由几十只甚至几百只电池组成，因此，电池的一致性、均衡性至关重要，它关系到电池的寿命和安全。能源管理系统的功能就是监测每一只电池的状态和电池组的电量，进行健康度及高压漏电检测，要保证这几百只电池的均衡性，其重要性显而易见。近年来，锂离子电池由于性能优越，已成为动力电池的主流，国内外对锂离子电池技术研发的投入也非常大。由于锂电池的特性，能量管理系统的作用就更加重要。

凹凸科技

目前，业界对能源管理系统的认识已经达成共识。产学研结合从事能源管理系统研究的越来越多，同济大学是国内较早涉足这项研究的高校。2005年10月，同济大学与来自北美的芯片开发商凹凸科技建立了汽车电子应用技术联合实验室，将凹凸科技的芯片应用于为超越系列燃料电池汽车研发的燃料电池和储能电池管理系统。如今，该实验室与上汽集团等联合开发的电池管理系统已成功应用在上海世博会的燃料电池汽车上。2009年7月，中科院电工所也与凹凸科技成立了联合实验室，从事能源管理系统的研发与推广。据介绍，该实验室一直在做锂电池的BMS，目前使用凹凸科技芯片的车用锂电池管理系统已经完成台架试验，正在准备做装车试验。

尽管车载能源管理系统作为电动汽车的一项关键技术，已引起业界高度重视，目前产学研结合从事相关研究的机构也很多，但仍存在很多问题。

首先，从研发现状看，截至目前，国内外还没有成熟的解决方案，处于摸索与试验阶段，虽然也有不少装车试用的案例，但从业界专家介绍的情况看，国内外都还没有达到产业化水平。

其次，因为电动汽车整体没有达到产业化程度，没有批量上市，因而缺少实车试用数据，也制约了该项技术的进一步完善与成熟。

2.国外电动汽车发展现状

(1)美国成为电动汽车热土

在不久的将来，大批纯电动汽车有望驶上美国街头。受一系列税收政策的影响，充电式纯电动汽车批量进入美国市场的时间将比人们预期的更早。按照政策规定，2010年之前，美国消费者购买一辆纯电动汽车可享受2500～7500美元的购置税优惠，在很大程度上，这会改变消费者认为电动车价格太高的心理，推动汽车企业生产更多的电动汽车，从而依靠规模的扩大进一步降低电动汽车价格。

(2)日本普及电动汽车动真格

如果用一句话来形容现在日本市场电动汽车的状况，那就是：现在日本正在切实推广电动汽车的普及。虽然受现阶段技术、价格以及使用环境等多方面的限制，电动汽车的真正普及仍然困难重重，但是无论出于对能源以及环保方面的考虑，还是希望在被认为是下一代汽车主流车型的电动汽车上继续维持日本在汽车产业的竞争力这一目的，日本政府、汽车厂家、关联企业以及社会舆论，都在大力推动电动汽车的发展和普及。

(3)欧洲电动车蹒跚起步

近来随着电动车热开始在美日兴起，欧洲一些国家也开始尝试大规模使用电动车。

欧盟在日前出台的《欧洲2020年发展纲要》（下文简称《发展纲要》）中，提出《鼓励清洁能源和高效节能汽车发展》战略（下文简称《发展战略》），其中“绿色汽车行动计划”（下文简称《行动计划》）是该战略的重要组成部分。

《发展纲要》承认：欧洲在发展电动汽车方面存在短板；而《发展战略》的提出旨在促进欧盟成员国的汽车电气化。

根据《行动计划》，目前欧盟各国都已推出电动汽车发展规划。

据悉，德国政府计划在2020年前，使在德国使用的电动汽车总数达到100万辆。

法国政府的目标是在2020年前生产200万辆电动汽车。

英国的先导计划是到2015年，推广使用24万辆各种类型的电动汽车。

## 七、未来动力——氢能汽车

混合动力车在今天得到了普遍认可，但这并不是汽车动力系统的最终解决方案，只是过渡产品。未来能源的发展还是利用可再生的清洁能源，其中之一就包括对氢能的利用。氢像汽油一样是能源载体，在地球上的氢主要以其化合物，如水、甲烷、氨等形式存在，只要有太阳能、核能的存在，就可以通过电能将氢从其化合物中提取出来，而氢气本身不具毒性及放射性，是环保、安全的无碳能源，因此成为人类向往的能源之一。

1.氢能与传统发动机结合

氢能作为可循环利用的非常洁净的环保型能源，今天将成为取代终究会枯竭的传统燃料石油的途径之一。最直接的方法是将氢能与传统发动机结合。

(1)宝马氢动力汽车

宝马早在1978年就已开始着手对氢动力的研究，在此后的30年里，通过几代的氢动力汽车使这项技术得到不断的发展和改进。宝马推出的氢动力轿车BMW Hydrogen7将清洁能源与豪华和高性能结合在一起。在车辆结构变动不大的情况下为新能源汽车开辟了一条途径。

氢燃料发动机基于汽油动力单元，宝马按照双模驱动的要求对发动机进行了改进。在汽油模式下燃油通过直接喷射供应，同时在发动机进气系统中集成了氢供应管路。关键技术是喷射阀需要提供相应的燃料/空气混合气，在几毫秒内将正确量的氢气喷入进气系统中，氢的燃烧速度比普通燃油快10倍，实现了更高的效率。

在氢动力不断发展的同时BMW集团与Total联合建立了几家加氢站，以满足客户的需求。

宝马氢动力轿车

RX8氢转子发动机

(2)马自达氢转子发动机汽车

在地球另一端的马自达也是对氢能源开发较早的公司，2006年它就已经开始在日本国内进行RX8氢转子发动机汽车的租赁销售业务。

氢转子发动机的特点是：在不损失内燃机特有的扭矩感、加速感及排气气声的前提下，成功降低了石油资源的消耗，并实现了$CO_2$零排放，几乎不产生$NO_x$等废气，还带有内燃机所特有的自然舒畅行驶性能。

由于转子发动机的低温进气室与高温燃烧室是分离结构，它可以有效避免氢气吸入行程中所发生的回火现象，并使燃烧更加充分。

(3)氢动力汽车的潜力与不足

分析人士认为，氢动力汽车要想推广，仍需很长一段时间。目前，这类汽车基本处于测试阶段。据了解，通用汽车和福特汽车的氢动力汽车目前也都处在路试试验阶段。

氢燃料的应用前景非常广阔，氢燃料燃烧后只排放水蒸气，没有二氧化碳。由于氢在自然界大量存在，目前制造氢气已不成问题。对消费者而言，使用氢燃料作为汽车燃料比较方便，用5～10分钟补充燃料即可。此外，氢动力发动机比汽油发动机工作效率高。

成本高是氢燃料汽车需要解决的主要问题，另外，建造、运输和储存氢气的基础设施需要投入大量资金，也非一朝一夕可以完成的。

2.燃料电池汽车

上面讲到了氢燃料发动机汽车以及进一步发展的氢燃料混合动力汽车，将氢气化学能高效转换成电能来驱动电机，是否还有更好的方法来实现氢能转换成电能呢？那就是燃料电池。

燃料电池发电的过程是这样的，燃料（主要是氢）和氧化剂（纯氧或空气）在经过渗透膜相遇时产生电能。当连续不断地向电池内送入氢燃料和氧化剂时电池连续发电，排放物仅为纯净水。因此，燃料电池是一种适合车用的、环境友好的氢氧发电装置。它的最大特点是反应过程不涉及燃烧，因此其能量转换效率不受“卡诺循环”的限制，其能量转换效率可高达80%。实际使用效率则是普通汽油机的2～3倍。

燃料电池汽车就是以燃料电池作为动力的电动汽车，从工作原理上决定了其具有三大优点：一是动力系统工作时，不排放对环境有害的物质，只有水（蒸汽），汽车可真正实现零排放；二是汽车动力系统工作效率高；三是氢作为一种可再生的能源载体，使汽车的燃料来源更多更广，可以消除汽车能源短缺之忧。因此，燃料电池汽车可以从根本上解决人类面临的环保和能源两大严峻难题。

## 八、低碳交通工具大观

1.太阳能汽车

由瑞士人驾驶全球首辆“太阳能的士”，穿越24个国家行程2.7万千米到达我国昆明。这部车50%的动力由约10平方米的太阳能电池板提供，另外50%的动力由太阳能电站补给。此车实现了尾气“零排放”。

这部车没有设置挡位，方向盘可左右移动。驾驶室可容纳两人，装有两部车载摄像机、全球定位系统和可切换12种语言的音译系统。有阳光时可行驶400千米，没有阳光时也能行驶300千米。此车最高时速达90千米。

2.全电动汽车

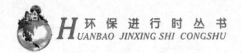

美国研制的这种汽车是一款全电动敞篷跑车，由6831块锂电池组成的电池组驱动。一次充电不超过4小时，充一次电可行驶320多千米，0~96千米时速加速时间只需4秒钟。此车不排放任何污染物。

太阳能的士

3.风力汽车

美国研制的这种汽车以风为动力。此车的外形与普通汽车相似，主要区别仅仅是在车顶上装有风车。风车可利用来自不同方向的风，即使风很小也能使风车转动，带动汽车内的小型发电机发电。发电机所产生的电流被蓄电池储存起来，需要的时候可用蓄电池所储存的电能来驱动汽车。

4.空气动力汽车

印度有望开发出一种特殊燃料汽车。这种汽车以纯粹的空气为燃料，动力系统由压缩空气瓶构成。行驶时依靠压缩空气驱动车辆前进，对周围环境没有任何污染。这部车的车身用玻璃纤维打造，非常轻便，总重量只有350千克。据说，这款五人座的汽车，不久就会面世。

5.水力汽车

日本研制的这种汽车以水为燃料。此车加1公升水即可以80千米时速行驶一小时，更令人惊讶的是所用水并不一定是纯净水，而且雨水、河水或海水等任何水均可，只要不断加水就可以继续行驶，而且不排放二氧化碳。

此车的动力系统使用了一种名为膜电极组的技术，可以将水通过化学反应分解为氢气和氧气，利用水分子分解的过程产生电力，进而以此推动汽车前进。这一化学过程类似于氢化金属和水反应产生氢，这种技术效率比现有的技术效率更高、成本更低，能让水产生氢的时间更长。

这一系统类似于氢燃料电池又有所不同，只需水和空气就能制造出氢，可以不用再配备贮存高压氢的“油”箱，膜电极组不需要特殊的催化剂，而只需一些稀有金属。其基本工作原理为，在燃料极侧使金属或金属化合物与水发生化学反应提取氢气，其特点是通过控制金属或金属化合物的反应性，以达到可长时间使用的目的。

这听起来与当年“水变油”闹剧颇为相似，但研制这种车的日本公司已召开新闻发布会向外界进行了发布，还展示了小型吉普车样车并进行了动力系统小型实验装置演示，在动力系统驱动下样车被开动了，实验装置发出的电还开启了电视和带铅酸充电电池的照明设备。

6.仿生汽车

美国研制的这种汽车，车头形状模拟鱼类头骨的生理结构设计，大大削弱了在行驶过程中所遇到的空气阻力。车身结构设计和所选用的漆料，模仿了鱼类的体形和鱼鳞的颜色。动力系统采用的是耗油量极小的柴油发动机，平均百千米油耗仅为4.3升，以时速90千米行驶的百千米油耗只有2.8升。

令人感到更新奇的是这种汽车能“吃”掉自身产生的尾气。此车装有世界上独一无二的选择性催化还原降解装置，这一装置会在汽车产生尾气时，自动向尾气排放系统喷射一种特殊的化学制剂，可将尾气中80%的有害气体分解成水和氧气。

7.木制汽车

全球首辆木制超级赛车在美国问世。此车轮毂、底盘和车身分别为木材、薄胶合板和枫木、胶合板，以及中密度纤维板等材料制造，重量比轻型保时捷汽车还轻240千克。最大功率比保时捷大功率跑车大近两倍，时速可在3秒多钟时间内从静止加速到96.56千米。

8.竹制汽车

日本研制的这种汽车的外壳是用竹条编成的，以锂电池为动力充一次电可行驶50千米。利用民用电在家即可为车用锂电池充电。这种单座汽车的重量只有60千克。

竹制汽车

9. 全塑料汽车

英国研制的这种汽车除发动机和座椅外，整车的部件完全由塑料制成，座椅也采用防水设计，因此即使下大雨也可放心地将车停在户外，永远不用担心生锈的问题。更有意思的是此车采用皮带传动，没有变速箱使得倒车与前进时速度一样快。这种车是全球第一种采用前后对称设计的汽车，大幅度降低了设计和生产成本。

这种车没有顶篷和车门，前挡风玻璃也只有普通汽车的一半，全重370千克，只有普通汽车的三分之一，最高时速可达100千米。目前已经开始在英国销售。

10.电动自行车

英国研制这种车克服了传统电动自行车蓄电池太重、行程太短等缺陷。由于采用了重量轻、效率高的新型蓄电池，此车行驶里程更远。

传统电动自行车使用的铅酸蓄电池，重量大、效率低、充电时间长。新型电动自行车的特点是使用锂电池，体积小、重量轻可方便地放后车架上，一次充电的时间只需4～6小时，即使仅充电2小时也蓄电达80%，用5块一组的锂电池可持续骑行160千米。此车在车把上装有显示屏，可显示锂电池的电量和行驶里程。

11.电动高速列车

新型国产“和谐号”CRH3型动车组呈流线型，降低了动车组的空气阻力和噪声。这种列车在京津城际高速铁路上，曾创造了时速394.3千米的世界纪录，可谓当今世界运营时速最快的列车。

“和谐号”CRH3型动车组

# 第三章

# 共掀低碳汽车的热潮

## 一、正确理解“低碳汽车”

低碳正向全球汽车发起冲击，世界各国汽车企业正在加速“低碳汽车”的研发进度和大规模生产的速度。但是发展低碳汽车要取得成功，首先要提高认识，对“低碳汽车”应有个正确的理解。

中国宣布到2020年中国国内碳排放比2005年下降40%～45%。汽车业是国家重点产业，2009年销售量突破1000万辆，更多的家庭圆了汽车梦，然而传统汽车向来是碳排放大户，有研究称，一辆轿车年排出有害废气达自身重量的4倍。

中国目前的汽车保有量很低，人均汽车拥有量仅为世界水平的三分之一，但年耗油量已经接近全国成品油总量的60%。按照目前的增长速度和油耗水平我国汽车保有量在2020年突破1.5亿辆时年耗油量将突破2.5亿吨，届时汽车的排放将成为气候变化不可承受之重。

低碳汽车

因此，随着汽车保有量急剧增加，我国汽车行业必须担负起减少二氧化碳排放的重大责任，发展“低碳汽车”对我国汽车企业来说意义重大，企业和政府主管部门必须认真研究制定科学、可行的引导措施，加大“低碳汽车”的研发和市场化支持力度。

如前所指，所谓低碳汽车是指$CO_2$排放量低的汽车，其中包括能耗更低、排放更少的传统内燃机汽车，以及使用非石化燃料的替代能源汽车，但依然采用传统内燃机。而采用新型能源驱动的新能源汽车是“低碳汽车”的主体，从目前来看只有混合动力、纯电动和燃料电池汽车三种是新能源汽车。当然，未来可能还会有其他的新能源汽车品种出现。

研究表明，新型动力技术可以大量削减碳排放，根据国际气候组织提供的研究数据，使用全混合动力的汽车可削减56%的耗油量。

零排放无疑是汽车社会的终极目标。专家表示，纯电动汽车是终极解决方案，实现纯电动汽车的普及可以实现到2020年中国国内碳排放比2005年下降40%～45%的目标。因此电动汽车将在今后10年新能源汽车浪潮中占据核心地位。

新能源汽车与新能源关系密切

作为一个汽车工业的新兴力量，国内除了拥有无可比拟的市场优势以外，在技术领域我们还处于相对落后的地位。汽车工业的前途和商机在哪里？发展低碳汽车，尤其是电动汽车也许是汽车行业“弯道超车”的最佳机遇。

事实上，“中国可能成为未来电动汽车的中心”已基本成为世界主流共识，麦肯锡《中国蓄势待发：电动汽车的机遇》估计，到2030年，若电动车占乘用车总量的20%～30%，那么中国国内电动汽车市场可达到2000亿～1.5万亿元，对中国汽车业来说，这是一个很大的“绿色”商机。

专家认为：发展低碳汽车是汽车行业的一场重大变革，以电动汽车为代表的新能源汽车在技术方面还需要有重大突破；在配套设施方面，需要长期投资并逐渐完善。目前从技术上来讲还没有成熟到可以批量生产，成本较高，所以短期内不可能对节能减排有重大贡献，估计这个过程可能要10年甚至15年，这期间我们必须“两条腿走路”，在发展新能源的同时，进一步完善、改进传统内燃机技术。目前传统汽车仍有升级潜力，节能减排效果明显，一段时期内，传统汽车的统治地位不可动摇。

另外，新能源汽车与新能源关系密切，能源行业要注意辨别哪些能源碳分子结构多，哪些碳分子结构少，要把“低碳能源”放在优先发展地位。

## 二、各显神通——各国力推“低碳汽车”

在欧洲各国低碳汽车发展较快，其原因在于这些国家对促进低碳车的推广，措施得力。

像日本丰田生产的普锐斯这一类尾气中二氧化碳排放量每千米少于120g的汽车在欧洲被视为“低碳汽车”。

丰田普锐斯

丰田普锐斯这款车因为使用混合动力，缩短了燃烧汽油的时间，每千米$CO_2$的排放量仅为104g，是排放量最小的轿车，甚至比很多微型车排放量还少。比如欧洲著名的微型车Smart的每千米$CO_2$排放量也达到了113g。

在全球温室效应日益恶化的今天，“低碳汽车”让“环境友好型”这个概念落到了实处，重视环保的欧洲人很乐于接受这样的环保汽车，从2006年开始，随着欧盟在1995年制定的限制汽车尾气二氧化碳排放时间表的推进，欧洲出现了一股低碳汽车热，而英国成为这场运动的先锋。

2007年2月，英国政府通过一项名为“Acton$CO_2$”的活动，向那些不选择低碳汽车的驾驶者们施压，迫使他们选择污染更少的汽车，以减少二氧化碳排放量。

在新车市场上，政府进行了空前的干预，其中包括建立一家新网站，标识出每个级别最环保的车型。该活动还将推动生物能源车的使用，以及向英国人介绍如何在驾驶过程中减少燃料消耗量的技巧。

英国曼彻斯特市议会还推出了一项环保激励计划——使用低碳汽车的

人将获得停车费降低25%的奖励。现在进入该市的人之中，只有大约2%使用低碳汽车。

英国政府不断推动低碳汽车发展的重要原因是：唐宁街日益发展，再不采取行动，英国汽车业将不能满足欧盟规定的新车减排的强制性目标。

欧盟于1995年向欧洲各国提出二氧化碳限制排放的目标。汽车厂家出厂的新车二氧化碳的排放应低于120g/km，当时很多人认为这是一个过于理想主义的目标。1998年，一些汽车厂家承诺在2008年之前，将达到低于140g/km的目标。2007年，每千米排放低于120g的目标又被重提，只是期限推迟到了2012年。

虽然期限被延后，但近年来越来越多的汽车厂商致力于生产排放越来越小的车型，FIESTA、CLIO、MINI这些微型车就是其中的杰出代表。

英国政府方面为了达到每千米排放量低于120g的目标还出台了一系列措施。伦敦市政府制定了一项拥堵费豁免的制度，就是当汽车二氧化碳排放量少于120g/km时，车主可以不交每天8镑的城区拥堵费。而对于其他汽车，为了舒缓城区交通，每天早晨7点到晚上6点车辆进入城区必须缴纳拥堵费。

另外，英国政府在税收上也向低碳汽车优惠。从2008年4月起对那些大型汽车和重污染汽车加倍征税，而排放低于120g/km的汽车则免去汽车消费税。

近日，英国交通部又公布了“充电汽车消费鼓励方案”（以下简称“方案”），规定2011年1月至2014年3月，英政府将对购买符合条件的电动汽车、插入式混合动力汽车和氢燃料电池汽车的私人或团体消费者给予财政补贴，每辆车的补贴金额为售价的25%，最高为每辆车5000英镑。据了解，该方案详细规定了有资格享受财政补贴新能源汽车的技术指标要求。其中对二氧化碳排放要求是：纯电动汽车为零排放，插入式混合动力汽车不高于75g/km。在性能要求方面规定：纯电动汽车续驶里程在113km以上，插入式混合动力汽车纯电动模式下续驶里程在16km以上，最高车速不低于96km/h。车辆保修期为3年或行驶12万km以内。电池保修期为3年，如果用户提出特别需求，需延长至5年。电池性能衰退相对较缓，用户正常使用3年后，其性能指标仍保持在可接受范围内。

20世纪90年代中期，法国开始推广电动车和天然气汽车。1999年，政府要求所有市政部门的电动车及天然气汽车比例必须占市政部门拥有车辆总数的20%以上，以此带动整个社会选择低碳汽车。

近两年来，作为低碳汽车的“佼佼者”，纯电动车和混合动力车在法国市场上具有独特的优势，这与政府推出的“新车置换金”密不可分。

法国政府规定，自2008年1月1日起，政府按所购买新车尾气二氧化碳排放量多少，对车主给予相应的现金“奖罚”，以鼓励购买低排量的低碳汽车。按规定，凡购买尾气二氧化碳排放量介于100～130g/km的新车，车主可获得现金200～1000欧元不等的环保奖励。若购买超低能耗、低排放的低碳汽车如纯电动汽车，奖励金额则高达5000欧元。反之，如果尾气二氧化碳排放量在160g/km以上的汽车，将按递增方式向车主征收环保税，税额从200～2600欧元不等。此外，法国政府还鼓励报废能耗大的旧车，并给予一定数额的现金奖励。

德国从2000年7月起实施按发动机排量与$CO_2$排放量征收汽车税的政策。

另外，瑞典、加拿大魁北克地区开征类似“碳关税”的税收。

在日本，目前实行了3年期的政策，对低排放车型，根据低碳程度实施全免、减免75%和减免50%不等的优惠。

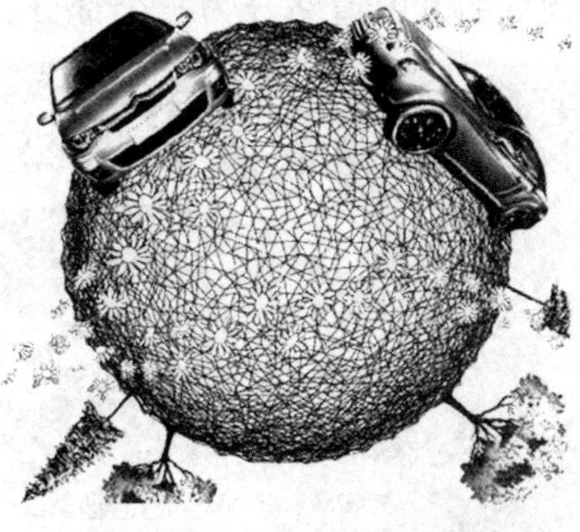

德国将按$CO_2$排放量征收汽车税

2010年4月初美国政府公布了汽车燃油经济性(CAFE)新标准，规定新车的平均燃油使用效率要从目前的11km/L提高至2016年的15.44km/L。此次规定还首次对汽车的温室气体排放加以限制。新标准规定在美国销售的2016款车型$CO_2$排放量必须限定在155g/km以下。

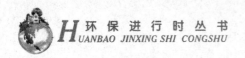

## 三、车企共同谱写“低碳汽车”新篇章

发展低碳车的巨大商机引发了车企的“蠢蠢欲动”。目前国内外一些大汽车企业都在致力于开发低碳汽车，他们采取了多种解决方案，传统能源和新能源两条路都在走，并且运用了多种高新技术，而其中以创新的动力技术为核心。

1.奔驰系统的低碳解决方案

为了让奔驰的产品具备卓越的节能环保性能，奔驰长期以来关注各种低碳技术解决方案的创新与突破，并且为此做出了长期计划，将Bluetec技术、Bluetec Hybrid混合动力技术、CGI燃油直喷技术及Diesotto汽柴油混合技术等发动机方面的领先科技，以及F－Cell燃料电池和氢燃料电池技术等一系列解决方案联系在一起，以实现奔驰最终达到汽车交通零排放的梦想。奔驰公司并且提出了“零排放之路”的概念，旨在说明解决环境问题非一蹴而就，而是通过逐步递进的方式最终实现“零排放”。奔驰规划的发展道路分为三个部分：第一，优化改进内燃机，提高燃烧效率以减少排放；第二，通过混合动力技术逐步降低内燃机功率在整体功率中所占的比例，进一步减少排放；第三，开发燃料电池和电动车，实现完全零排放。如上所述，奔驰为这三步开发的各种低碳技术已经初具规模，并都已开始实用化。

零排放之路

2.大众汽车推出“蓝驱”低碳车型

大众汽车旨在通过先进的发动机和变速器技术将全系列车型的油耗和排放降低20%以上，与其他产品和技术相比，TSI和DSG技术在实现更多驾驶乐趣的同时，燃油消耗量比竞争产品降低了20%到25%，节油率可达到22%，温室气体排放可降低33%左右。

“蓝驱”是大众汽车特别赋予其旗下低排放、低油耗车型的特别标志。蓝驱以优化的涡轮增压直喷柴油发动机为核心，通过更宽的变速箱传动比、优化的外形设计、低滚动阻力轮胎实现了比普通车型更低的燃油消耗及排放，二氧化碳排放也比常规车型显著降低。

大众汽车在2006年夏天推出了Polo Blue Motion车型，这也是大众汽车首款使用Blue Motion标志的车型。这款装备59kWTDI柴油发动机的轿车，动力表现强劲，是目前欧洲最为省油和环保的量产5座轿车——平均油耗仅为每百千米3.9L，二氧化碳排放只有99g/km。车辆配备了45L的油箱，如果按3.9L/100km的油耗计算，能够行驶1150km。

目前大众汽车集团正在积极扩展其低碳“蓝驱”车型的范围，继全球最经济的五座型轿车Polo“蓝驱”、帕萨特“蓝驱”及帕萨特Variant“蓝驱”之后，大众汽车集团在2007年法兰克福国际车展上又同时推出了6款配备“蓝驱”低碳技术的新车型：高尔夫、高尔夫Plus、高尔夫Variant、捷达、途安及开迪“蓝驱”。这意味着从2008年开始，大众汽车几乎所有的车型系列都贴上“蓝驱”环保徽标。仅在德国，这些低碳汽车每年可节省400万升的燃油消耗，并且减少10600吨的二氧化碳排放。“蓝驱”已经成为大众发展低碳汽车的优势战略。

3.福特发展低碳汽车的优势战略

福特汽车近期的低碳汽车发展战略的系统方案包括Eco Boost新动力技术，以及多速变速箱、先进的电动转向、汽车自重的降低、空气动力性能的改善等技术，其中Eco Boost新动力技术降低油耗达20%，降低二氧化碳排放达15%，成本约为混合动力发动机的20%。

福特汽车在低碳技术方面除了发展可再生的氢能源汽车等长期战略外，更是将重心放在了积极开发各项在现阶段实际应用性强、价格合理的

福特汽车

先进技术，以使更多的普通消费者能尽快受益。

福特汽车在2008年的北京车展上显示了其近期低碳战略的系统方案，其中就包括了Eco Boost新动力技术，还有福特油电混合动力系统、福特Power Shift动力传输技术等。这些技术在降低油耗、减少排放的同时，能保持或提高车辆的卓越驾驶性能，并提高驾驶和乘坐舒适性。

福特Eco Boost新动力技术是福特汽车公司低碳战略近期解决方案中的核心技术，它采用涡轮增压燃油直喷技术，可应用于4缸和6缸发动机。先进的尾气驱动涡轮增压技术，再配以汽油直喷技术便能获得两全其美的效果——既拥有大排量发动机的效能又减少了废气排放。比如，福特汽车的3.5L Eco BoostV6发动机能在2000～5000r/min的转速下输出超过460N · m的扭矩，而传统的4.6LV8自然进气发动机在同样转速下的扭矩则为420N · m。与此同时，这台V6发动机每消耗1kg燃油可多行驶0.8km，而二氧化碳排放也减少了15%。

Eco Boost使汽油发动机的燃油经济性提升达20%，二氧化碳排放降低15%的同时，还能缩小发动机尺寸，并增强了扭矩和性能。

Eco Boost新动力技术，减少了4缸和6缸发动机小型化和增压后的传统弱势。与传统的进气口喷射相比，采用燃油直喷技术能取得更合理、更密集的喷射效果，从而获得更高的燃油经济性和更卓越的性能。

无论在何种驾驶状况下Eco Boost均可获得一致的燃油经济性，在城市和在高速公路上均表现高效，而不像混合动力只在城市拥堵的交通状况下才最高效。此外，Eco Boost发动机具有与柴油动力系统同样出色的牵引力。

与当前柴油机和混合动力技术成本相比，一台4缸Eco Boost发动机消费者通过节省燃油支出，需要大约30个月收回投资；而在同等里程数和燃油成本下，柴油机平均需要7.5年，混合动力发动机的回收期则需12年。

从2009年的全新林肯MKS轿车开始后的5年内，每年在北美将有50万辆福特、林肯和水星品牌汽车采用Ecoo Boost技术，这项技术也将陆续在包括中国在内的全球市场推出。

4.上海通用汽车的“绿动未来”战略

2008年1月22日，伴随一个个令人振奋的消息，上海通用汽车正式拉开了以“绿动未来”为主题的低碳汽车发展战略的帷幕。

启动仪式上崭新亮相的别克君越Eco-Hybrid油电混合动力车迈出了2008年低碳产品规划的第一步，该车为国内第一款量产中高档混合动力车型，综合油耗较常规动力2.4L君越下降15%以上。2008年上海通用还重手推出了三款新发动机，其中包括S-TEC1.2L小排量、高科技发动机，该发动机以52.2kW的升功率、混合工况下6.0L/100km的油耗指标达到国内同级别发动机的最高水平。上海通用汽车还引进了拥有“2008年世界十大汽车发动机”称号的HFV6 3.6LSIDI双模直喷发动机，动力可提升15%，扭矩增加8%，而油耗降低3%；在冷起动时碳氢化合物的排放可降低25%之多。

5.中国长安的G-Living绿色战略

中国长安汽车集团在打造低碳汽车方面，突出体现了G-Living的绿色战略。“G”高度凝练了“绿色(Green)、成长(Growth)、全球性(Global)”含义，三个“G”与“Living”结合，表达了长安汽车新能源战略以低碳环保为核心发展方向，它是以“引领汽车文明、造福人类生活”的使命和“打造世界一流汽车企业”的伟大愿景为指导提出的绿色发展战略。

长安汽车绿色发展的成功之路主要体现在三个方面。

一是坚持致力于发展经济适用的小排量汽车。2009年，长安累计销售汽车186.9万辆，其中1.6L及以下小排量占总销量的80%。

二是在传统汽车领域，大力推进节能降耗。长安汽车坚定地认为，节能降耗仍具有较大的提升空间，是目前实现国家汽车节能减排计划较切实可行的发展路径之一。对此，长安汽车明确提出了2012年产品平均油耗降低15%、2015年降低20%、2019年降低30%的目标计划。

三是大力发展新能源汽车。在新能源领域，长安汽车按照“宽谱系、大纵深、多路线”的发展模式，大力推进混合动力汽车市场化、纯电动汽车的产业化进程。在混合动力车的研发方面，长安汽车已掌握中度混合、弱度混合、重度混合等相关技术，并率先在国内实现中度混合动力车型产业化上市；在纯电动技术研究上，长安汽车建立了9大类35项电动汽车专有试验评价体系，具备了较为完善、先进的纯电动整车和核心动力系统测试评价能力。

据了解，曾作为2008年北京奥运新能源汽车示范运行车辆的长安杰勋HEV混合动力轿车在国内率先量产并向个人用户销售，长安志翔HEV混合动力出租车更于2009年在杭州、重庆等城市投入运营。长安汽车志翔HEV出现在2010年上海世博会，作为丹麦馆的指定工作用车。

另外，在2010年北京车展上展出的长安Green-i纯电动概念车是一辆造型时尚、动感、前卫的纯电动绿色轿车。为了更加适合未来驾乘习惯，该车采用全车线控操纵、制动动能回收技术，能够迅速反应驾驶员的操作指令，进一步保证了驾乘的舒适与安全。更为方便快捷的是，该车无论在办公室、超市或是家中，只需要10分钟就可以快速充电，解决了纯电动汽车的续驶问题。

6.奥迪的四大低碳技术

奥迪公司虽属大众集团旗下，但该公司也有自己独特的低碳解决方案，经过几年来的不断探索，目前已形成了四大低碳技术，并在此基础上系统开发了多款颇具影响的低碳车型。

(1)动力高效化——TFSI

众所周知，传统的燃油发动机做功后只有31%的能量转化为有效牵引力，如此高的能耗比例对于汽车厂家来说既是一个头疼的问题，也是一个难得的机遇。

装有TFSI发动机的汽车

FSI的最大好处就是解决了缸内油气混合问题，而奥迪对传统汽油发动机技术的最大贡献则是在FSI（燃油直喷）之前加了个T（涡轮增压）。两者的完美结合使得在不牺牲驾驶乐趣的前提下降低了油耗和排放。实际上，奥迪也是绿色传统动力的重要开创者，标志之一就是其1989年问世的清洁柴油发动机(TDI)。较之同排量的汽油发动机，TDI的动力性能提高一倍、扭矩提高70%，但油耗却能降低30%、排放降低10%。奥迪有5种不同的传动系统，从传统手动变速箱、Stronic、tiptronic到Rtronic顺序式变速箱，之所以有这么多选择，主要是为了能够在不同排量的发动机上体现出节能、高效的特点。双离合变速箱也可降低油耗0.5L/100km，而采用8挡变速tiptronic的全新一代A8的油耗与上一代车型相比降低了大约6%。

(2)车身轻量化——ASF

试验表明，车身重量每降低100kg，每百千米油耗减少0.3L，每千米二氧化碳排放也将相应减少7.5～12.5g。

奥迪e-tron

空间框架结构技术(ASF)，主要由铝或者全部由铝制成。这是奥迪品牌的一项革命性创新技术，也是奥迪转变本身重量螺旋式上升趋势的基础。铝质车身与钢板车身相比重量大约可减轻40%，这样可以明显地降低能耗，减少二氧化碳排放。轻量化车身是奥迪的核心竞争力之一，也是最重要的战略技术之一，因为它对于车辆的节能减排起着至关重要的作用。

(3) 电子系统智能性

节约油耗是目前所有驾驶者都关注的问题，除了减轻重量、采用新能源外，一些电子系统的智能化升级一样可以带来好的效果。奥迪在部分量产车型中提供启动停止系统和带有高效程序的行车计算机等技术。标准行驶试验中，该系统百千米可节省0.2L燃油。导航也可以省油吗？奥迪的导航系统不仅能够提供多种路线选择，导航系统还和实时路况系统(TMC)相连接，该系统可以向驾驶者提供实时路况系统中的数据，从而使驾驶员得以选择省油的路径行驶。

(4)零排放的多样化解决方案

奥迪最近推出的e–tron纯电动概念车和奥迪Q5氢燃料电池车是奥迪所有尖端节能减排科技的集合，更重要的是它们为用户提供了两种零排放解决方案。

奥迪e–tron的每个车轮单独配备了一台驱动电机，对称的布局在实现理想车身负载分配的同时达到了绝对意义的四轮驱动效果。在性能表现上，e–tron一次充电可以行驶248km，在起动瞬间即爆发出230kW最大功率，最大扭矩更达到4500N/m。

正如“quattro”已经成为奥迪全时四驱技术的代名词一样，“e–tron”将成为奥迪品牌纯电动技术的标志性符号。

2010年在日内瓦车展亮相的奥迪Ale–tron就是一款专为未来都市打造的纯电动小型车。Ale–tron具备灵巧的车身和高效动力系统，可以在纯电动模式下连续行驶50km。在使用增程发电机的情况下，Ale–tron续驶里程可达200km，其平均二氧化碳排放量只有45g/km。

奥迪另一零排放解决方案可以举奥迪Q5 HFC氢燃料电池概念车的例子，HFC三个字母代表的是hybrid fuel cell，即复合式燃料电池。奥迪Q5 HFC可在13.4秒之内加速到106km/h，最高车速可达160km/h。

奥迪提出的低碳解决方案十分全面、系统。除了上面提到的内燃发动机高效化技术、车身轻量化技术以及燃料电池和纯电动驱动技术外，奥迪还开发了混合动力驱动技术，最近亮相的全新A8 hybrid就是这一技术成果。

A8 hybrid是一款完全混合动力车型，它通过一台2.0TFSI汽油机和一台33kW电动机的组合，可输出180kW的最大功率和480N · m的最大扭矩，平均耗油量为每百千米6.2L，二氧化碳排放量144g/km。

此外，宝马也提出了“高效动力战略”，其核心是：宝马全球车型的研发和生产全部围绕更低能耗、更小排量、更大动力来进行。在中国市场，宝马集团成为率先把“高能低耗”作为明确口号提出的厂商，这是宝马在中国市场品牌战略的转变。

## 四、立足创新，成功实践“低碳汽车”

近年来，国外一些汽车厂商面向未来，立足创新，在发展低碳汽车方面取得了突破性进展，开发出了一些让人震撼、动摇着我们固有思路的低碳汽车，它们在动力革新的同时，在设计上也给我们焕然一新的感觉，下面列举几款较为成功的低碳汽车。

1.大众Up!Lite

大众Up!Lite

大众公司用拿手的TDI柴油机与10kW电动机组合来涉足混合动力领域。尽管与技术最为成熟的丰田普锐斯比起来，大众Up!Lite只算得上轻度混合动力，但它仍然具备了制动能量回收和发动机自动关闭、启动等基本素质，并且由于不需要大容量的锂离子电池组，制造成本相应也会降低不少。当紧凑的0.8L双缸柴油机在经济模式下运行时(此时最大功率由38kW降低为36kW)，Up!Lite的综合工况油耗可以低至2.44L/100km，大众公司宣称它为世界上最省油的四座家用车或许并不为过。同时，在7速DSG双离合变速器的配合下，12.5s的百千米加速成绩也不输给Prius。

除了在动力系统上做文章。Up!Lite省油的另一个秘诀在于仅有695kg的整备质量（注意：尺寸相近的Polo超过了1.1t），4个18英寸大轮圈，居然是由碳纤维与铝合金联合打造而成。

为了实现0.237的超低风阻系数，不仅后视镜被小巧的摄像头所取代，散热器的格栅也可以根据发动机的负荷不同而自动开闭。犀利的外表下，Up!Lite让我们看到了小型家用车的未来。

2.宝马Vision Efficient Dy namics 概念车

宝马概念车

在2009年东京车展上展出的宝马Vision Efficient Dynamics概念车，其雕塑刻纹的形体和曲面展现出的层叠感和流动感相互融合，从而带来低矮运动的低风阻视觉效果，而实际上该车的风阻系数也只有0.22，低于量产车中风阻系数最低的奔驰E级Coupe(0.24)。

宝马Vision前格栅会主动关闭，用来减小风阻系数。车身采用了轻质化处理，底盘以及车身覆盖件采用了铝合金。车顶以及可以鸥翼式开展的车门则采用了聚碳酸酯玻璃。由于车身轻量化，宝马Vision的综合油耗为百千米3.76L，每千米仅排放99g二氧化碳。

此外，宝马Vision的插电式混合动力系统采用全新的1+2模式，用1台低排量3缸柴油机和1台低功率高扭矩电动机驱动后轮，以1台高功率低扭矩互补电动机驱动前轮，形成独特的混合动力四轮驱动系统，锂电池最快44分钟可以充满。

3.奔驰GLK Bluetec Hybrid

Bluetec的科技实际上就是奔驰柴油动力。从2006年10月E320登陆美国市场后，奔驰于2008年7月陆续推出R－Class、M－Class、GLClass等柴油动力车。在向来以科技、环保而著称的第78届日内瓦车展上亮相的GLK Bluetec Hybrid作为奔驰的首款紧凑型清洁柴油混合动力SUV概念车。在采用了多项新技术之后，百千米油耗仅为5.9L，而排放则达到了欧洲Ⅵ标准。这些数据对于一辆SUV来说简直有些让人难以置信。

GLK Bluetec Hybrid有一套高效节能的驱动系统。该套驱动系统是由柴油发动机和电力单元构成的。全新4缸2.2LCDI柴油发动机采用了第四代共轨直喷技术以及两段式涡轮增压系统之后，使得这台发动机可以提供最大输出功率224ps和最大的扭矩560N·m。而电力单元则是由一台蝶形电动机承担。这台电动机被安装在发动机与自动变速器之间，它在整套系统中既是发电机又是发动机。当需要急加速的时候，这台电动机在能够为发动机额外提供最高为160N·m的扭矩，这样即使是满载状态也可以实现迅疾的起步与加速。当刹车时，此系统功能流程将反向运作，电动机将起到一个发电机的作用，将能量转化为电能储存到锂电池中。

GLK Bluetec Hybrid还装配了Start-stop系统，这个系统的工作原理是：当车辆停下等候交通信号或拥堵时，Start-stop系统可以自动使发动机停止运转；而在起步时，驾驶者只需踩下加速踏板，发动机便会在随后的几毫秒内启动。借助Start-stop功能的帮助，在能够有效减少污染物排放的同时减少油耗。

4.一汽马自达睿翼2.0轿车

一汽马自达睿翼2.0

汽车科技发展的两大趋势分别是动力总成的持续改进与新能源的研发，以及轻量化科技的运用，轻量化科技不是单指车身重量更轻，而是更为复杂的技术升级理念和涉及从车身设计直至制造工艺的系统工程。睿翼2.0就集中体现了马自达在轻量化技术方面的成就——实现了节油与安全兼顾，突破了所谓“车身越重越安全”的误区，也通过全面落实轻量化科技突破了2.0级别的燃油经济性指标。

从节油性能上看，更为合理的车身设计使得睿翼2.0在车身比第一代Mazda6大大加长的情况下车身自重更轻。与此同时，在不牺牲后排空间及乘坐舒适性的同时实现了0.27的同级别最低风阻系数。此外，睿翼2.0采用电子助力转向技术和进一步降低轮胎滚动阻力，这些都大大提升了睿翼2.0的节油性能。同时，一汽马自达还对睿翼2.0的发动机和变速器进行了重新调校，使得其燃油效率更高。正因为如此，睿翼2.0百千米油耗达到8.3L，在油耗指标上完全不逊色于1.6L级别车型，这不得不说是马自达在节油技术方面的巨大突破。

值得强调的是，在实现车身整备质量更轻、更节油目标的同时，睿翼2.0的安全性也得到了提升，睿翼2.0车型在C-NCAP碰撞测试中获得五星评定的好成绩，一举突破了所谓车身越重越安全的认识误区。除了拥有强大的主动安全技术与被动安全防护体系，睿翼的车身还大量使用了强度超过700GPa的超高强度钢板，其中部分关键部位的钢板强度达到1480GPa，这也是迄今为止同级别产品中强度最高的车身材料。睿翼2.0采用高强度的材料辅以更尖端的激光焊接及冲压工艺，换言之，超高强度钢板的使用一方面是成本问题，更为重要的是，超高强度钢板对于焊接和冲压工艺的要求更高，正是在材料和工艺上的改进保证了睿翼2.0在不增加钢板厚度的情况下大大提升安全性能。

睿翼集中体现了轻量化科技对汽车消费和价值理念带来的冲击。应该说，睿翼不但开启了中高级2.0L级别的节油安全新标准，也将成为轻量化科技真正进入汽车产品及消费的开端。事实证明：轻量化技术是与先进动力技术同等重要的低碳技术。

5.福特Start概念车

福特汽车在2010年北京国际车展上首次展出了全新概念车Start。

Start概念车配装Eco Boost GTDI 1.0L3缸发动机，是迄今为止福特Eco Boost GTDI新动力技术家族中最小的发动机。该发动机使微型车也能享受到Eco Boost GTDI新动力技术带来的优异的燃油经济性和动力性。这款极其实用的发动机不久就会量产，届时其二氧化碳排放量将低于100g/km，同时动力和操控性皆可媲美1.6L汽油发动机。除了先进的绿色动力技术，Start概念车还应用了智能通信科技，能够实现众多车内功能，所有这些车内部件都选用轻质材料，降低了车重，减少了油耗，完全符合微型车的要求。

福特Start概念车

福特Start概念车代表了低碳科技的最新方向。

从以上几个例子可以看出：成功的低碳车型都是采用了多种低碳技术，包括先进动力技术、轻量化技术、低风阻造型技术、低滚阻轮胎技术、电子助力转向技术等。正是这些低碳技术的系统集成和优化组合才造就了低油耗、少排放的卓越性能。

## 五、美国争做新能源汽车巨头

深陷困境的美国汽车业，在努力摆脱生产危机的同时，力争在新能源电动汽车方面有所突破。

推动新能源汽车发展是奥巴马政府能源政策的组成部分。美国总统奥巴马希望通过发展和利用新能源，使美国摆脱对海外石油的过度依赖。

2009年4月初奥巴马曾表示，联邦政府将购买1.76万辆包括新能源电动汽车在内的低碳汽车，这些汽车将由美国三大汽车厂商制造。尽管这一举措并不能改变美国汽车业衰退的现状，但它具有明显的象征意义，也是奥巴马鼓励发展新能源汽车的具体体现。美国汽车厂商和一些科研机构也都在采取相关行动，这使新能源电动汽车市场化进程明显加快。

奥巴马明确表示，到2015年美国要有100万辆充电式混合动力车上路。为鼓励消费，购买充电式混合动力车的车主，可以享受7500美元的税收抵扣，同时政府还投入4亿美元支持充电站等基础设施建设。

驱动混合动力车行驶的电池组技术是需要突破的关键。奥巴马2010年在考察位于加利福尼亚州一家电动车测试中心时宣布，美国能源部将设立20亿美元的政府资助项目．用以扶持新一代电动汽车所需的电池组及其部件的研发。为此，美国能源部下属的国家实验室以及电池制造业联盟在肯塔基州设立了研发和制造中心，目标是为充电式混合动力车提供高性能的锂电池组。

2010年4月1日，美国奥巴马政府公布新规定，首次为新轿车和轻型卡车订立温室效应气体排放标准：在美国销售的2016款车型二氧化碳排放量必须限定在155g/km以下。美国政府公布的汽车燃油经济性(CAFE)新标准规定：在美国销售的2016款轻型车（包括轿车、SUV、皮卡及小型厢式车）平均燃油经济性由2011年款车型的27.3mile/gal（约合8.6L/km）提升为35.5mile/gal(约合每百千米6.6L)，燃油经济性增幅约为30%。新规定鼓励发展新一代省油的油电混合车、效率更高的发动机和电动车，从而终结了美国联邦管理官员与汽车制造商长达30年的激烈争执。这个目标比现行美国法律所作规定提早了4年。

雪佛兰Volt

从美国汽车制造商投巨资快马加鞭研发，到美国政府的对车商一系列恩威并重的政策，都可看出一个清晰的脉络，即在与汽车制造强国日本和迎头赶上的汽车大国中国的新能源汽车竞争中，美国输不起。美国总统奥巴马直言，未来的新能源汽车“不是在日本，也不是在中国制造，而是在美国”。

据统计，美国有超过24家制造商开始制造或计划推出电动车。底特律三巨头尽管大量裁员，削减大型SUV车型的生产，却仍将大笔研发费用砸在新能源车型的开发上，通用汽车将推出的新能源汽车雪佛兰Volt被美国人寄予厚望，分析人士说，以通用的这一款车为代表的新能源汽车，可望成为新的美国汽车精神的标志。

Volt首批上市车预计4000 ～6000辆，2011年的全年产量增至约1万辆。通用未来将朝氢燃料电池发展，已经在2010年与2011年分别推出Chevrolet Volt及Opel Ampera长距续航电动车。

作为电气化计划的重要内容，福特公司未来3年新能源汽车发展重点也直指电动汽车。据了解，2010年末，福特全顺Connect纯电动商用车试水美国车市；2011年，福特福克斯电动版上市；2012年，基于福特全球中级车平台研发的新一代混合动力及插入式混合动力汽车有望全球同步上市。

在以上几款新能源汽车中，率先投放市场的是福特全顺Connect纯电动汽车。据悉，该车尾气排放为零，于2009年在美国首次亮相。它的目标续驶里程为单次充电行驶129km，整车装配工作由在电动汽车研发领域处于领先地位的Azure Dynamics公司负责，首批汽车已于2010年投放市场。重新设计的福特福克斯电动版，一次充电最远可行驶260km，尾气排放为零。目前，福特下一代混合动力及插入式混合动力汽车正在接受路测。

但同为美国汽车巨头的克莱斯勒公司，在电动车及燃料电池车的开发上，则略逊一筹。克莱斯勒表示，该公司最早的电动车要上市仍需3年至5年时间。

与三大车厂相比，美国硅谷的创投企业表现更为耀眼，全电动车厂Tesla Motors获美国能源部4.65亿美元贷款，研发ModelS四门新电动车，已经在2012年正式推出。Tesla已经在全球18个国家售出937辆全电动跑车“Roadster”。

2009年成立的美国电动车联盟(The Electri-fication Coalition)表示，该机构的目标是，2040年时美国的电动车将达到2亿辆，占各种轻型车的四分之三。

## 六、日本争创新一代汽车研发中心

在新能源汽车方面，日本主要走混合动力汽车的技术路线。日本在混合动力汽车技术领域，领先世界。以丰田普锐斯为代表的日本混合动力电动汽车，在世界低碳汽车开发销售领域已经占据了领头地位。

目前，在欧美市场上已上市的混合动力轿车，一半以上是由日本汽车公司生产销售，丰田混合动力车在全球的累积销量已经达到了120万辆，其中，普锐斯的销量占其全部销量的72%，成为目前最成功的混合动力车型。

与此同时，日本还快速发展燃料电池汽车技术，丰田和本田汽车公司已成为当今世界燃料电池汽车市场上的重要企业。

为推进环保汽车，日本从2009年4月1日起实施“绿色税制”，它的适用对象包括纯电动汽车、混合动力车、清洁柴油车、天然气车以及获得认定的低排放且燃油消耗量低的车辆。前3类车被日本政府定义为“下一代汽车”，购买这类车可享受免除多种税赋优惠。

此外，日本实施低排放车认定制度。高、中档轿车和经济型轿车都可以向国土交通省申请接受低排放车认定。消费者可根据所购车辆的排放水平享受不同的减税待遇，购置以天然气为燃料或混合动力车等低公害车辆的地方公共团体，还可得到政府的补助金。

在日本政府的积极扶持下，日本主要汽车生产厂家也无一例外地提出了自己的新能源电动汽车战略。

日产公司于2012年批量生产纯电动汽车，投放日本和欧洲市场；三菱汽车、富士重工也在2010年前实现纯电动汽车的商业化；而丰田公司宣布在未来几年里，将混合动力车车型增加到10种。

丰田Auris（雅力士）柴油—电动混合动力概念车于2009年9月的法兰克福车展上首次亮相，这款车被命名为雅力士HSD，但它于2010年中期在伦敦以北的丰田德比工厂投产，丰田混合动力车型阵容将再次壮大。

丰田雅力士

与雅力士传统车型相比，雅力士HSD的油耗降低约19%，二氧化碳排放量减少17%左右。

另外，在2010年1月北美车展上，丰田FT-CH紧凑型混合动力概念车进行了首发。它的造型来自丰田位于法国尼斯的设计室。尺寸方面比在售的普锐斯稍小，虽然造型比较接近量产车，但是尚无量产计划时间。目前，丰田大部分混合动力车产自日本本土，只在美国和中国投产少量混合动力版凯美瑞和普锐斯。2009年7月，丰田总裁丰田章男对外宣布，丰田欧洲公司将转移工作重心，加大对混合动力车的研发、推广力度。在混合动力车推广方面，丰田雄心勃勃，计划用数年，在全球范围内实现年销售混合动力汽车100万辆的目标。

虽然日本在混合动力汽车方面已居世界领头地位，但日本政府仍然公布了与发展新能源汽车相关的国家战略，有目的、有步骤地推动低碳社会发展。

日本一直希望在制定电动汽车相关标准方面起主导作用。2010年3月，丰田、日产等4家日本汽车企业与东京电力公司联合成立电动汽车快速充电协会(CHAdeMO)，力求以统一标准、规范普及电动汽车的充电装置。“新一代汽车战略2010”要求CHAdeMO继续推进相关工作。同时要求日本相关方面就ISO（国际标准化组织）和IEC（国际电工委员会）提出的电动汽车及电池相关国际标准建议，开展针对性工作。

在电动汽车的配套设施方面，经产省计划到2020年，日本的普通充电设施达到200万处，快速电池置换站共5000座。经产省强调，日本汽车企业要在提高新一代汽车性能的同时，为电动汽车和混合动力汽车普及做准备。

丰田普锐斯

日本经产省认为：2009年，以丰田普锐斯、本田Insight为主的混合动力汽车占日本新车销量（不含微型车）的10%左右。虽说成绩可圈可点，但要达到此次经产省设定的目标并不容易。时任日本汽车工业协会会长青木哲说："从现在开始到10年后，即使是现有车型，要达到相关要求也必须进行3次左右的换型，更别说研发全新车型了。无论是时间还是成本上，要达到经产省的要求，日本汽车企业的负担依然很重。"

## 七、德国借势赶超竞争对手

2010年5月3日，时任德国总理默克尔与政界、汽车企业、能源公司和科研机构的代表，在柏林共同启动"国家电动汽车计划"，旨在促进德国电动汽车研究和推广。

默克尔在当天召开的电动汽车主题工作会议上指出，未来的汽车应该更环保，更有利于可持续发展，能对遏制全球气候变暖发挥重要作用。德国在传统汽车方面有良好的基础，应该争取在电动汽车领域获得领军位置。默克尔指出："德国现在不发展电动汽车并使其尽快市场化，就会在不久的将来落后于人。"

按照"国家电动汽车计划"，到2020年，全国电动汽车保有量将达100万辆，计划尽快将电动车普及到德国人的日常生活中。

为帮助国内汽车企业发展电动车，德国政府计划未来3年，拿出7.05亿美元财政援助款，其中以1.64亿美元建8个试验区，研究电动汽车技术。德政府还承诺，将投资建设充电站，补贴电池技术研发，希望凭借牢固的产业基础和后发优势，赶超目前处于新能源汽车领先地位的竞争对手。德国交通部部长蒂芬泽认为，虽然日本研制混合动力汽车的能力较强，但欧洲市场很大，而且美国和亚洲也有开放的市场，德国在新能源汽车方面有足够信心与美国和日本等国家抗衡。

宝马公司首先对政府的计划表示欢迎，该公司近日宣布，将在2013年推出超大城市汽车，据介绍，"超大城市汽车"将是一款具有革命性意义的汽车，是一个为大都市量身定制的机动性解决方案，它将是宝马集团第一款量产的纯电动汽车。

作为宝马"项目 I "的一部分，"超大城市汽车"目前正处在研发阶段，未来将作为宝马的一个子品牌进入市场。新车型针对城市交通需要量身定制，以保证电动驱动技术被最大程度地应用。

从2008年11月开始，宝马集团从美国开始在全球范围内投放600多辆MINIE汽车进行实路测试，收集电动汽车日常使用的数据和经验。

此外，宝马与博世及三星公司合作生产车用锂电池的计划也已经启动。

德国大众在发展电动汽车方面虽然比日本企业晚了10年左右，但在德国政府宣布"国家电动汽车计划"后，大众第一时间向来考察的德国总理默克尔展示了高尔夫电动概念车，同时对外公布了电动汽车发展规划。这是高尔夫电动版首次公开亮相，该车最大功率为85kW，最高时速为140km，续驶里程达150km，体现大众在电动汽车方面的实力。

按计划，大众品牌将于2013年投产首款电动汽车Up小型车，接着是高尔夫电动版和捷达电动版。同一时期，朗逸电动版将在中国推出，2012年下半年，奥迪品牌将小批量生产e-tron电动跑车。大众期望在2018年成为全球电动车市场的领导者。

朗逸

在加速发展电动汽车业务的同时，大众也加快了推广混合动力技术的步伐，新款混合动力途锐和保时捷卡宴混合动力版已经上市。2010下半年，奥迪os混合动力版、A8混合动力版也已经上市。混合动力捷达将于

2012年推出，2013年则有高尔夫混合动力版、帕萨特混合动力版等多款新车上市。

根据德国“国家电动汽车计划”，来自研究机构、汽车生产企业以及相关行业的147名专家将组成7个工作组，分别负责研究电动汽车驱动技术、电池技术、基础设施建设、标准化与认证、材料与回收、人员与培训和政策条件7个方面的课题。

大规模推广电动汽车将推动替代能源技术发展。德国交通、建筑与城市事务部部长彼德 拉姆绍尔认为，要推广电动汽车，没有可再生能源是办不到的。到2020年，除了电动汽车保有量达到100万辆，德政府还希望燃料电池汽车保有量达50万辆。该国的长期目标是，40年后，德国城市交通基本摆脱对化石燃料的依赖。

德国政府日前表示，到2020年，可再生能源要占全部能源消耗的47%，因此，2020年德国境内的电动汽车要超过100万辆，从而帮助德国实现这一目标。在2009年年初德国政府通过的500亿欧元的经济刺激计划中，很大一部分用于电动汽车研发、“汽车充电站”网络建设和可再生能源开发。

## 八、四大汽车集团暗战新能源汽车

在国家科技部和相关部委的推动下，针对新能源汽车的鼓励和支持政策不断推出，使新能源汽车在我国的发展形成星火燎原之势。虽然对技术路线的发展目前仍存在争议，但是一汽、上汽、东风以及长安作为国内四大汽车集团，都相继制定了新能源汽车的发展目标，为未来储备实力的同时，也展开了一场争夺未来市场话语权的战争。

在这场新能源战争中，跨国巨头与中国本土企业正形成犬牙交错的格局，在技术、专利、标准以及市场的竞争中，中国企业力争迎头赶上。长安在2009年6月11日已经推出了首款针对个人用户销售的混合动力轿车，将新能源的产品竞争提前带入了实战阶段。

1．长安破局5%新能源目标

新能源汽车再也不是纸上谈兵，它已可以“飞入寻常百姓家”。

长安是在第十一届重庆车展开幕当天发布的长安杰勋混合动力轿车，售价为舒适型13.98万元和豪华型14.98万元，即日起长安杰勋混合动力轿车将先在重庆地区销售，并对前100名个人客户赠送万元大礼包。

此前科技部和财政部联合颁布的针对新能源汽车的补贴政策，并不涵盖个人消费领域，长安则采取了“企业补贴”的方式，率先破局个人领域的新能源汽车销售，实现了自主品牌混合动力轿车的量产。

长安这一举动对我国新能源汽车的产业化意义重大。汽车振兴规划对新能源汽车的规划目标是，电动汽车产销形成规模，改造现有生产能力，形成50万辆纯电动、充电式混合动力和普通型混合动力等新能源汽车产能，新能源汽车销量占乘用车销售总量的5%左右。

长安此次低价入市的混合动力轿车，第一个向5%的销售目标发起了冲击，其低价入市的策略，再结合地方政府的补贴，可以提前实现自主品牌混合动力轿车的产业化。

从目前来看，混合动力是新能源和传统能源相结合的车型，相比电动车和燃料电池汽车尚待突破的技术难题，混合动力已经进入产业化的前期。长安汽车已经宣布率先实现了混合动力汽车的产业化，年生产能力已经达到1万台的规模。在长安量产之后，一汽、上汽、东风、比亚迪包括本田、日产等企业都已经虎视眈眈，国内新能源汽车市场将迎来一场血雨腥风的竞争。

2．四大集团暗战新能源

2009年3月下发的《汽车产业调整振兴规划》对新能源汽车的发展提出了切实要求之后，国内四大汽车集团相继公布了自己的新能源发展计划，而其相同的目标是在2012年前后实现新能源汽车的产业化。

未来3年内，长安新能源汽车研发及产业化将预计投资10亿元，形成不同档次、不同用途、搭载不同的系统的中混平台化、弱混规模化、强混产业化研发能力，覆盖商用车、A级、B级、C级产品。2014年长安汽车将实现产销新能源汽车15万辆，2020年达到新能源汽车产销50万辆以上，成为新能源汽车行业的领先者。

东风电动汽车产业园试点基地

一汽集团在加快自主品牌建设的同时，也没有放缓新能源的研发步伐。2009年2月25日宣布了其新能源战略，2012年，该集团计划建成一个年生产能力为混合动力轿车1.1万辆、混合动力客车1000辆的生产基地。

这一轮的新能源汽车竞争，国内四大集团都将目标锁定在了核心技术层面，而非生产数量。2009年6月2日，我国唯一的国家级电动汽车专利产业化试点基地——东风电动汽车产业园试点基地正式揭牌，东风汽车也在新能源汽车的产业化的布局上迈出了重要一步。东风电动车公司于2009年下线了东风自主品牌首款混合动力汽车，全年的目标销量为5000辆。

东风汽车副总经理周文杰说，东风汽车将来在电池、驱动电机和电控上有自己的核心技术和专利，希望可以掌控战略资源。

而国内最大汽车企业——上汽集团的新能源战略也制定了时间表。2009年5月4日，上汽集团召开新能源汽车建设誓师大会，明确新能源汽车产业化目标：2010年，上汽的荣威750中混混合动力轿车投放市场，实现综合节油率20%左右；同时为确保世博会新能源汽车任务顺利完成，向世博会的运营提供了跨越四大系统（纯电动、超级电容、燃料电池、混合动力），近千辆新能源车。

2012年，节油50%以上的荣威550插电式强混轿车将上市；同年，上汽的自主品牌纯电动轿车也要推向市场，真正实现零排放。

上海汽车副总工程师、战略与业务规划部执行总监程惊雷称，上海汽车新能源核心产业链建设，将重点抓好“五纵四横”工作。“五纵”是指在整车集成开发、动力系统集成技术，以及“电池、电机、电控”这三大新能源最核心、产业价值最大的零部件系统等五环节实现自主掌控。“四横”是指整车与零部件的协同开发和商务安排、官产学研机制的深化、政府政策扶持、政府主 导下的社会工程建设等四方面关系新能源汽车持续发展的社会化体系工作。

上汽成立了专门的新能源动力系统公司，总投资达20亿元，并且还将在混合动力整车与关键零部件上投入20亿元，总额约60亿元。

中国目前已经成为世界最大的汽车市场，面对未来的竞争，国有四大汽车企业集团已经提前布局，而这背后呈现的是中国汽车产业跨越战略的日渐清晰，长安、一汽、东风、上汽已经走在新能源汽车产业化的路上。

## 九、“插电式电动车”成新能源汽车主攻方向

在全球金融危机逐渐消退的今天，发达国家和跨国公司已经在寻找危机后引领全球济的新技术和新的产业支柱，在汽车行业，近年来动力电池技术和经济性得到了重要突破在新能源汽车各种技术路线中，汽车电动技术脱颖而出，美国总统奥巴马上任伊始就明确出美国汽车产业的方向是插电式电动车（包括增程型电动车），这一观点很快得到广泛认同。

尽管世界各主要汽车生产国目前仍分别控制和主导着某种汽车发展技术和产业路线，例如日本的混合动力、欧洲的先进柴油机、美国的燃料电池等，但就汽车动力电气化是新能源汽车发展方向这一点上，已经形成共识，电动车已经被汽车生产国当作振兴经济的突破口。

但纯电动汽车在具有完备的传统动力汽车基础设施的成熟市场发展仍面临巨大的挑战，而插电式电动汽车的问世是电动车大量进入市场的一个重要过渡。正因如此，目前世界各大汽车厂商抓住商机，都已启动推广这一项目。

在众多插电式电动车中，雪佛兰Volt无疑最受关注。该车从研发到量产吊足了人们的胃口。由于2009年通用汽车公司遭遇困境，致使该车型量产工作一度受阻。不过，这款车现在已经成功上市。

1．三菱i-MiEV

2009年，i-MiEV在日本首先面向团体用户销售，7月开始接受个人用户预订，并于2010年4月正式交车。

三菱i-MiEV

根据三菱公司的计划，i-M1EV2010年年产5000辆，到2011年夏天产量进一步提高到1.5万辆。据了解，大容量驱动电池放置在该车车厢地板下方。控制系统总成则被置于行李舱下方。这种既可以保证足够的续驶里程，又能使行李舱的空间足够宽敞。i-MiEV最高时速为130km，续驶里程为160km，提供快速充电和家用充电两种模式，最快30分钟可充入80%的电量。

2．日产叶子

在2010年1月北美车展上，日产展出了2009年首次亮相于东京车展的纯电动车——叶子。该款车于2010年12月开始在日本、美国及欧洲同步销售，并于2011年登陆中国。

3．Think City

虽然挪威电动车制造商Think公司2009年的表现不尽如人意，但与2008年相比已有所好转。该公司2010年生产的4600辆City电动车，其中2500辆销售到美国。

随着欧洲业务渐趋稳定，Think的美国扩张计划终于开始启动。

City是全球第一款获得欧洲CE认证并实现量产的电动车，最高时速可达100km，一次充电可行驶180km。此前，该车曾在丹麦、荷兰、西班牙、瑞典、挪威和瑞士销售。

4．非斯科Karma

美国环保汽车制造商非斯科的第一款量产电动车Karma自亮相以来便拥有大批“粉丝”。

Karma电动车同时配装两台功率300kW的电动机、一台小型汽油发动机以及大容量锂离子电池。在充满电时，该车可以凭电力驱动行驶80km，基本满足人们日常的驾驶需求。Karma百千米加速时间只需5.8s，最高时速可达201km，完全配得上跑车头衔。用美国汽车工程师协会的评测方法计算，Karma的$CO_2$排放量为83g/km，经济油耗仅为百千米3.5L。

5. Coda未命名轿车

在美国电动车制造商中，位于美国加利福尼亚州的Coda绝对算是另类。该公司电动车所配装的磷酸锂电池组由其与天津力神公司的合资公司生产，电池容量为33.8kW/h，续驶里程约合144～192km。这款未命名的电动轿车由Coda与哈飞汽车合作开发车身，预计在美国碰撞安全测试中可获得4星或5星。该车从静止加速到60km/h只需11s，最高时速可达129km。

6. 迈尔斯Duo

美国迈尔斯汽车公司近日推出了全新双人座电动车Duo。

Duo外观时尚，最高时速可达120km。据介绍，该车配备了迈尔斯公司最新研发的锂电池动力系统，续驶里程和保修期分别为100km和160000km，售价为22495.5美元，上市后，Duo将成为3万美元以下电动汽车的有力竞争者。

不少美国消费者都期待Duo早日上市。不过，许多业内人士对该款车的市场前景并不乐观。他们认为，只有三个车轮，酷似摩托车造型以及品牌弱势将是Duo销售上的障碍。

非斯科Karma

从上述可见，一些名不见经传的另类汽车制造商已经抢在大汽车公司的前面，率先推出了各种电动车，这不能不说是当今世界新能源汽车发展的一种新动向。

# 第四章

# 低碳时代，汽车将驶向何处

## 一、低碳时代汽车发展之路

低碳经济是指以低能耗、低污染，低排放为基础的经济模式，是人类社会继农业文明、工业文明之后的又一次重大进步。发展低碳经济本质上就是高效利用能源、开发清洁能源、追求绿色GDP，核心是能源技术和减排技术创新、产业结构调整和制度创新以及转变人类生存发展观念。

目前，低碳经济已成为全球经济的潮流和趋势，迎接低碳经济时代，汽车产业责无旁贷。汽车产业在整个低碳版图中占有主导地位，降低汽车二氧化碳的排放也成为低碳技术发展面临的问题。

在发展低碳经济、迎接低碳经济时代的进程中，中国汽车产业承担着更重要的历史责任，是发展低碳经济不可缺少的主角。首先看能源问题。按照现在的发展势头，20年后，我国汽车普及率完全有可能接近发达国家的水平。按照欧洲的一半，即每千人拥有汽车300辆计算，那时我国汽车总保有量就是4.5亿辆。根据我国目前汽车燃油的使用情况，那时供汽车消费的燃油约2亿吨。如果那时中国每辆汽车消耗燃油的水平达到现在日本近1吨的水平，2亿吨燃油仅够2亿辆汽车使用。如果依赖石油，中国人将不可能实现普及汽车的梦想，中国汽车工业将不得不停止前进的脚步。其次看碳排放问题。未来欧、美、日的汽车保有量不会有太大变化，他们所要面对的是如何为现有数量的汽车找到燃料并处理排放，即处理“存量”的问题，而中国面对的是令世界

绿色GDP峰会

关注的巨大“增量”问题。

最新数据显示：我国二氧化碳排放量已超过美国，成为二氧化碳排放量最大的国家。专家预测，如果不加以控制，到2030年中国每年的二氧化碳排放量将达到8Mt，相当于目前全世界二氧化碳排放量的三分之一。

在发达国家，汽车排放的$CO_2$已占这些国家$CO_2$总排放量的25%～28%。中国现今已成为世界第一汽车生产大国，无论目前还是将来控制汽车碳排放问题都非常重要。因此迎接低碳经济时代我国汽车产业责无旁贷，而开发低碳技术、发展低碳汽车则是中国汽车产业迎接低碳经济时代最好的实际行动。

据媒体报道，随着低碳经济时代的到来，我国汽车产业正在走向低碳化。

1．传统汽车结构加速变化

为达到国家设定的碳排放目标，汽车企业首先要做的就是加速转化传统汽车结构，努力使传统能源汽车向低碳汽车产品转型。

据了解，目前我国部分汽车企业已经开始在传统能源汽车基础上进行碳排放技术改进。奇瑞采取提高传统汽车燃油效率、降低风阻、采用新型环保轮胎等措施促进节能减排；长安铃木M系列发动机生产线，生产采用VVT技术的节能发动机，以提高发动机的燃油经济性；东风日产导入CVT变速器，使二氧化碳排放比一般变速器降低15%～18%；华泰将清洁柴油技术作为降低碳排放的现实路线，柴油SUV油耗已降低到每百公里6L以下，排放达到国Ⅳ标准，并预留了提升到国Ⅴ的空间。然而这些都仅仅是开始，随着国家具体政策的出台，我国汽车产品的结构将发生重大变化。

2.企业发展战略面临调整

一直以来，我国汽车企业都以促进销量为主要目标。基于我国汽车市场旺盛的需求，以销量为目标的做法能使企业较快在市场站稳脚跟，并赢得一定知名度，但汽车企业在技术上的积累却相对有限。而在低碳时代，汽车产品的竞争是低碳技术的竞争，在这方面，我国汽车产业还处于劣势地位。

时任大众中国执行副总裁张绥新认为，中国政府承诺降低40%～45%

的碳排放，对整个汽车产业都形成了巨大挑战。汽车企业必须大力研究新技术，努力探索新的发展道路，才可能实现节能减排目标。

中国科学技术发展战略研究院软科学处指出，低碳经济的核心内容包括低碳产品、低碳技术、低碳能源的开发和利用等。未来的经济竞争很可能是低碳技术的竞争。汽车企业如果能抓住这个机会，在低碳技术上进行超前投资和部署，花大力气进行低碳技术的开发和利用，就能在未来的竞争中赢得先机。

在出口战略上，我国汽车企业更应该未雨绸缪。在减少碳排放呼声日渐高涨的形势下，我国目标汽车出口市场已经或即将建立“碳关税壁垒”。

企业向“低碳”转变

2009年欧盟通过二氧化碳排放法案，规定到2012年，欧盟将对碳超标新车按超标比例递增的原则实行惩罚性措施；加拿大也计划制定汽车二氧化碳排放限量法规。诸如此类的碳排放法规，将大大阻碍我国汽车的出口步伐。汽车企业必须根据出口市场的新情况做出及时准确的战略调整。

3.电动汽车成为战略性新兴产业

当前，新能源汽车的研发和普及已成为我国汽车产业的重要任务，我国对新能源汽车发展路线的选择经过长期争论，目前已经基本得到统一，那就是发展以电动汽车为龙头的新能源汽车。2009年，国家科技部部长万钢代表政府表示，电动汽车作为新一轮经济增长的突破口和实现交通能源转型的根本途径，已经成为世界各主要国家和汽车制造商共同的战略选择，也是各国汽车市场的战略选择。中国政府将采取各种措施推动电动汽车的研发和产业化。电动汽车作为战略性新兴产业将被纳入国家投资规划。新能源汽车将改变我国汽车工业的历史，改变我国汽车产业的格局。

从目前来看，对低碳经济时代背景下的中国汽车产业，业界普遍持乐观态度，认为：低碳经济时代的到来，为中国汽车产业提供了发展机遇。

低碳技术的普及，低碳经济的发展为中国汽车产业提供更多的发展机会和条件，在新一轮发展中完全可能后来居上。

低碳经济时代的加速到来，在为中国汽车产业提供发展机遇的同时，也带来了诸多压力和挑战，从某种角度讲，中国必须在低碳排放上付出更多的努力，达到更好的效果，以此来尽快适应未来全球低碳经济环境。

## 二、汽车企业的“低碳经济体系”

什么是“低碳经济体系”，我们以广汽丰田构筑“低碳经济体系”的具体例子来加以解释。

2010年4月23日，在第十一届北京国际车展上，由凯美瑞混合动力版领衔，广汽丰田携强大阵容“盛装出席”，以新产品、新技术和新能源倡导“低碳汽车生活”潮流，响应北京车展“畅想绿色未来”的主题。

在“畅想绿色未来”的大舞台上，与大部分新能源车型尚处于概念阶段不同，凯美瑞混合动力版是少数被国家工信部认定为“成熟型新能源车”的车型之一。由于采用丰田先进、成熟的油电混合动力技术，凯美瑞混合动力版在碳排放方面达到业内领先水平。其中，一氧化碳、氮氧化物、碳氢化合物的排放量分别降低了94%、90%、76%以上，远远低于国际Ⅳ排放标准；二氧化碳排放量降低近40%，相当于80棵树1年吸收的二氧化碳量。由于节能环保性能的水平高，凯美瑞混合动力车是国际市场上最受欢迎的低碳汽车产品之一。

第十一届北京国际车展

作为良好的企业公民与节能环保先锋，除了向市场提供低碳产品之外，广汽丰田一直以来致力于打造国内水平最高的环保工厂，实现了“二氧化碳低排放”、“废水零排放”、“优于国家标准的废气排放”、“世界领先水平的可挥发性有机气体排放控制”、“废弃物零填埋”、“能源利用最大化”这六大指标，在业内确立优势地位，成果丰硕。

2009年，广汽丰田导入国内先进的离心式冷冻机，每年可节省能源4850GJ，使全厂每年减排1230t二氧化碳；导入太阳能发电系统，每年可节省能源120GJ，使二氧化碳排放每年降低30t；冲压车间的伺服压力机的传统压力机降低能耗30%以上。为真正地做到废水100%回收利用，广汽丰田斥资1100万元，首次率先采用全球领先的“浓缩液回收”技术，单车生产耗水指标达到了全球领先的2t／辆，远低于业内4t／辆的用水标准；采用“全过程控制”方式，大量采用成本更高但可挥发性有机物(VOC)更低的水性涂料，同时采取改善措施降低有机溶剂的使用量，通过废气焚烧装置(RTO)净化车间产生的废气，使VOC排放量达到世界领先水平。

据了解，广汽丰田成立6年来，一直以打造“公园式的工厂”为目标，在工厂及周边种植树木近3万棵。这些树每年可吸收二氧化碳多达1.4万多吨。在凯美瑞混合动力版下线仪式上，广汽丰田正式启动了“凯美瑞林”，每卖出一辆凯美瑞混合动力车，即为车主种下一棵树苗。为此，广汽丰田在厂区内规划了总面积为6.2万多平方米的种植区域，预计可种植6500多棵树，每年预计可吸收二氧化碳3000多吨。此外，广汽丰田还组织全体员工深入开展“废弃物分类与减量化活动”，将员工产生的生活垃圾分为八大类，通过公司的废物回收中心进行分类和无害化处理，最终实现废弃物的零填埋。

除了在产品和工厂建设上践行低碳环保的理念，广汽丰田还是国内第一家率先将环保“触角”伸向销售服务渠道的企业。从2007年8月开始，广汽丰田联手国内专业环保认证机构华夏认证中心，在所有广汽TOYOTA销售店中启动了丰田销售店环境风险审核计划(DERAP)项目。到2009年底，全渠道DERAP认证工作圆满完成，所有销售店均获得了DERAP认证书，使广汽丰田销售网络成为真正的绿色环保模范。

此外，广汽丰田的零部件供应商也都通过了环保认证。

## 三、汽车业对未来新能源的多方探索

目前，在各类新能源技术推广中，电动汽车占有明显政策优势，但从全生命周期的角度看，电动汽车技术的“低碳指数”到底有多少？业界一直存在很大分歧，虽然在使用过程中，电动汽车对城市大气环境的污染很少，但在驱动电池的生产过程中要产生碳排放，再加上中国的电动力70%来自煤电，因此电动汽车不可避免带有高碳的痕迹。因此与汽油车相比，电动汽车并不能算低碳产品。如果通过大量建设燃煤、燃油发电站来为电动汽车提供电力，从而产生新的碳排放，那么电动汽车不搞也罢。

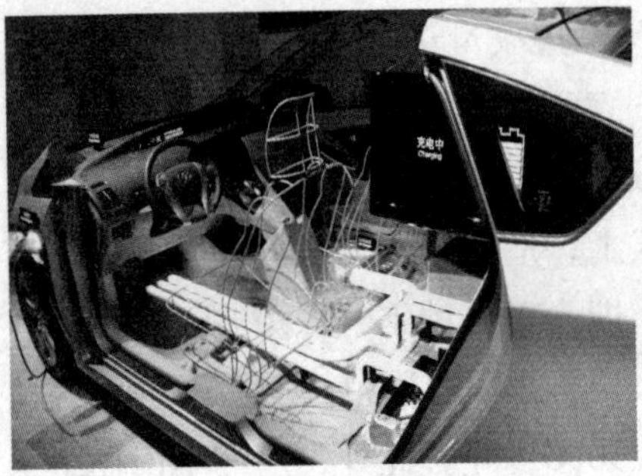

电动汽车

从长远来看，汽车业还应该继续寻找碳分子少的能替代燃油的新能源。部分人士认为，现阶段天然气是比较现实的燃油替代品之一，因为天然气的分子成分是一个碳四个氢，它的碳排放就要比燃油低得多。

清华大学新能源技术研究院毛宗强教授目前正在进行的工作是把天然气和20%的氢气制成混合燃料HCNG，HCNG的好处是在不降低汽车动力性的同时，有效减少二氧化碳的排放量，除此之外，价格便宜是这种混合燃料值得推广的主要原因。他解释说，由于中国是世界最大的焦炭生产国，在生产过程中会产生大量的焦炉煤气。这种过去被视为“鸡肋”的煤气中含有60%的氢气，如果把它们添加到天然气中，混合燃料就会变成节能环保的替代能源，这是有中国特色的变废为宝。中国很多地区都有不同的优势能源，应该充分加以利用。

由此可见，为迎接低碳时代，汽车新能源技术路径选择不能绝对，我们应该提倡解放思想、拓宽视野、百花齐放、多方探索，让更多的人为寻找未来的汽车新能源作贡献。

在能源方面，人类的最终目标是利用可再生能源实现可持续发展。可再生能源包括太阳能、风能、水能、生物质能、地热能、潮汐能等。

据世界能源理事会的报告，目前世界各国陆地平均太阳能光合作用的效率只有0.3%，即使这样，全球生物质所含的能量也相当于全球能耗的10倍，如果有效提高这个效率，生物质能就可以成为潜力巨大的新能源。

一位能源专家曾经分析过，太阳能、风能、地热能、潮汐能主要以发电的形式加以利用，所以这些能源也有一定的局限性。而生物质能可以转换成气态、液态、固态燃料，替代化石燃料用于许多领域，并且可以减少$CO_2$排放。汽车能源发展的最终趋势可能是氢燃料电池，通过甲醇和乙醇可以分解出氢，也可以直接输入燃料电池生产电力，所以生物质能应该受到应有的重视。

生物质能资源种类繁多，覆盖范围极其广阔，可以利用植物种子榨油，或发酵生产乙醇，也可以利用纤维素生产乙醇。目前，大量利用的生物质燃料主要是乙醇，美国主要是用玉米生产乙醇，对世界粮食价格影响较大，中国已经叫停玉米乙醇，而巴西因地制宜，通过甘蔗获得乙醇，取得较好的效果。现在许多科学家正在研究利用非粮作物、农林业生产废弃物来生产第二代乙醇，如能突破，将可以大量用于汽车驱动。我国庄稼秸秆主要是焚烧，既浪费了资源，也污染了环境，应该加以开发利用。所以从“低碳”的角度考量汽车业的未来，我国对第二代乙醇的研究开发绝对不能放弃，政府应给予大力支持。

专家指出，在探索新能源问题上必须要有创新思维，树立颠覆传统的新观念。在2010年北京车展上展出的上汽自主品牌概念车“叶子”就是上汽在探索新能源中取得的创造性成果，“叶子”这款车可以把自然能源转换为电能，用以驱动汽车。

“叶子”在设计中以电能为主要动力来源，其技术核心是自然能源转换技术。车顶的一片巨型叶子是一部高效的光电转换器，可吸收太阳能转化为电能；而阳光追踪系统，可以使叶片上的太阳能晶体片随太阳照射方向而转动，从而提高光能吸收效率。其四个车轮就是四个风力发电机，通过捕捉散逸的风能，将风能转变成电能，充入自身电池储存能源，形成辅助电驱动系统，最大限度拓展利用新能源。其车体采用可吸附二氧化碳的有机金属结构(MOFS)，能模拟绿色植物从空气中捕获二氧化碳和水分子，在微生物的作用下释放出电子，形成电流。生物燃料电池再将产生的电能给锂电池充电，由电机驱动汽车。同时，它还能将光电转换中排放的高浓度二氧化碳通过激光发生器转化为电能为车内照明，或转化为车内空调制冷剂，不仅仅是“零排放”，更是“负排放”的实现，净化空气。

从“零碳”的角度考量，上汽的“叶子”概念车预示着汽车业的未来。

## 四、汽车业应未雨绸缪碳交易

虽然低碳经济已引起越来越多的关注，但对于中国汽车业来说，它更像一个热点词汇，一个未来的方向。事实上，低碳经济会日益成为影响汽车企业未来发展的重要因素。它和汽车企业的关系不会只是停留在产品层面的节能环保上，它将对企业生产、经营等各个层面产生影响。汽车企业在制定战略时必须从“低碳”的角度考量汽车业的未来，而其中“碳交易”是一个需要未雨绸缪、提早考虑的重要因素。

据参加过哥本哈根联合国气候大会的一位专家介绍，我国目前还没有强制的定量减排义务，因此国内企业还没有总量减排的约束，但从此次哥本哈根气候大会的谈判过程来看，我国政府承担着越来越大的外部压力。让人没有想到的是，发达国家想方设法要把中国拉到强制减排的阵营中去，又在对发展中国家的资金资助上讨价还价。汽车在生产和使用过程中会排放大量的二氧化碳，汽车企业肯定要加快技术改造步伐，减少二氧化碳排放量。如果经过技改还达不到降低排放要求的话，未来可能也要到碳交易市场寻求解决办法。也就是说中国车企未来也有可能从全球碳交易的供给方逐步转变为需求方。

专家认为，汽车业是一个开放型产业，现在国外对汽车出口的限制主要还是在产品层面，强调产品本身的排放达标，未来是否会因为中国企业的生产排放达不到出口国的低碳目标而影响产品的出口，现在还不好说，但有这种趋势。在WTO谈判中一直都存在绿色壁垒，在目前的国际形势下，碳排放已经成为一个热门课题，因此不排除发达国家以此作为制造贸易壁垒的根据。

“碳交易”

俗话说：“人无远虑，必有近忧。”从“低碳”的角度考量未来，中国汽车业是否应该对碳交易早作准备。

据了解，由于发达国家技术较为先进，碳减排空间较小，发展中国家虽然技术升级减排的效果明显，却缺少资金和技术。因此，发达国家的企业可以通过技术转让或资金投入的方法，与发展中国家的节能减排项目进行合作，利用这些节能减排项目减少的二氧化碳排放量来抵扣自身的减排指标。因此，二氧化碳排放量就成了可以交易的有价商品。根据世界银行测算，全球碳交易在2008年至2012年间，市场规模每年可达600亿美元。

2008年7月20日—9月20日“奥运单双号限行”期间，美国环保协会、人民网等联合发起了“绿色出行碳路行动”，他们建了一个网站，鼓励参与者用真实身份注册，注明自己每天出行的出发点和目的地，搭乘公共交通工具，凭此计算出其减少的二氧化碳排放量。当时北京共有8万多人参与了该活动，清华大学交通研究所出具核查报告，两个月共减排二氧化碳8895吨。此后这些减排量完成交易，出售给一家汽车保险公司。

## 五、汽车行业面临的低碳难题

在能源短缺及全球变暖的严重情况下，我国政府提出，到2020年单位国内生产总值二氧化碳排放比2005年下降40%～45%。

煤和石油的燃烧是二氧化碳的主要来源，汽车是石油消费的主体，也是温室气体的主要排放源，与欧洲、日本等发达国家相比，我国汽车的二氧化碳减排仍有较大空间。

我国于2005年7月1日实施的《乘用车燃油消耗率限值》标准规定，2009年以后的新车油耗比2004年减少15%，相当于每公里排放160～170g二氧化碳，而欧洲每公里二氧化碳排放水平仅为140g。

我国从2010年1月1日起实施《第二阶段乘用车燃料消耗量限值》，而被业界统称"二氧化碳法规"的《第三阶段乘用车燃料消耗量评价方法及指标》（下称"第三阶段标准"）也于2010年年底前正式公布，并于2012年逐步实施。

汽车行业面临的低碳难题

在"第三阶段标准"草案中看到，下一阶段乘用车燃料消耗量限值标准达到的排放目标，到2015年，全国乘用车燃油消耗量平均水平降为7L/100km左右。

与现阶段不同，将来政府不再采取"一刀切"的管理方式，要求企业所有产品都必须达到标准规定的车型燃料消耗量目标值，而是引入"企业平均燃料消耗量"和"企业平均燃料消耗量目标值"的概念，不再要求"每辆车"，而是以"企业"作为标准评价的对象。

据介绍，新标准考虑到汽车企业产品规划和产品周期，给企业产品技术升级和换代预留充分的准备时间。例如，2012年，各企业平均燃料消耗量不可高于目标值的109%，2013年不可高于106%，2014年不可高于103%，到2015年最终完全实施。

这个被业界称为“二氧化碳法规”的新标准，在第一汽车集团副总工程师、技术中心主任李骏看来，是未来国内汽车企业能否立足并走向成功的支点。

有人此前曾通过一系列计算得出不同阶段我国汽车二氧化碳排放限值，第三阶段中国油耗法规的二氧化碳当量是163g，如果按照这个当量发展下去，2020年就是120g，相当于欧盟2012年的水平，到2025年为95g。只有走这样的二氧化碳限值的道路，才能使中国汽车总的二氧化碳排放量不随着汽车保有量而上升。

目前，包括欧盟、美国、日本、韩国等在内的很多国家都已实施了不同形式的汽车燃料消耗量标示制度，欧盟已形成了乘用车$CO_2$排放／油耗法规体系以及基于乘用车燃料消耗量的财税政策、油耗标识的三大控制政策。

我国即将推行的“第三阶段标准”将借鉴欧盟的政策体系，目前，工信部、财政部、国家税务总局已启动挂钩的财税政策研究。参与标准制定的专家称，“限值标准+财税政策”将成为今后我国控制汽车二氧化碳排放和油耗的主要措施。

据参与标准制定的专家透露，标准将根据综合因素制定，不会盲目求高，将考虑市场接受程度的问题。只要企业肯在研发低碳技术方面下工夫，达标并不难。

由于二氧化碳法规的出现，汽车企业需要平衡一个两难问题，一个是要平衡产品规划，实现企业赢利的战略，另一个是必须找到低碳技术。

这一点对于国内自主品牌是尤为严峻的考验。有人坦言：“二氧化碳排放已经成为全球汽车技术路线的杠杆，而且这种低碳技术在国外一些大公司，按照各个年代目标已经排产完了，比如丰田、宝马、福特等，只是我们有些自主品牌企业还不是很清楚。”

举例来说，2009年底，标致雪铁龙集团在深圳公布了其在华首个新能源汽车发展战略，提出“2020年，在中国二氧化碳排放量降低50%的目标”。他们采取的主要方式是在传统汽油汽车领域实现技术创新。

按照规划，未来10年，标致雪铁龙集团将为中国合资企业引入6款全新发动机，实现20%的减排；采用新型自动变速器，实现20%的减排；使用新材料减轻车辆自重，采用新轮胎技术等减排5%。此外，还将在混合动力和电动车上进行开发和引入，剩余的5%的减排目标将通过新能源汽车等其他方式实现。

面对新法规，未雨绸缪是大部分国内车企正在做的事情。据专家透露，一汽集团已经制定了明确的“环境友好型低碳技术路线”，包括一汽在燃料限制第三阶段、第四阶段甚至第五阶段要做哪种低碳技术。

业内专家认为，我国的自主品牌车企都应该像一汽集团那样，借鉴发达国家汽车集团公司的经验，按照如下的低碳技术路线做好规划，明确哪一阶段该做哪种低碳技术。

第一，加快传统发动机技术升级，比如，采用增压或增压中冷技术，提高发动机燃烧效率，采用高效燃油喷射系统，改进发动机经济性等，相关资料显示，自然吸气式发动机通过多项改进措施，可提高8%～14%的燃油经济性。

此外，提高发动机传动效率的做法也非常有效。一般来讲，机械式自动变速器(AMT)的节油效果比自动变速器(AT)提高20%。

第二，推广先进柴油发动机技术，现在柴油机比常规汽油机节省燃油约30%．比直喷汽油机节省燃油约25%。

据了解，欧洲轿车的二氧化碳排放量处于国际领先水平，主要因为欧洲以柴油机为主，在2015年各国汽车燃油经济性指标中，美国、日本只能达到每公里排放二氧化碳155g，而欧洲可达到每公里130g。

第三，研发替代能源技术，世界多个国家都在探索以替代能源作为发动机的燃料，比如中国对CNG、LNG、甲醇等燃料进行了一定范围的推广，巴西和美国对E85（85%的乙醇和15%的汽油混合）情有独钟，德国和瑞典投入较多的精力研发生物柴油和生物汽油。

由于替代能源属于低碳能源，在保持发动机功率的情况下，可以减少20%～30%的二氧化碳排放。

第四，加大新能源汽车研发力度。从长远看，在汽车行业，解决能源与环境问题的终极方案是发展新能源汽车。



## 六、引入节能技术，打造节能汽车

在能源短缺及地球变暖的严重情况下，各国汽车业都面临着节能减排的严峻挑战。麦肯锡公司的调查报告说，更节能的内燃机产品对未来减排目标的贡献度为50%。因此，目前世界各国都把传统发动机的技术升级作为发展低碳汽车的首要任务。

例如，2010年1月11日，美国政府宣布对8家汽车企业的9个发动机节能减排项目给予1.87亿美元的资金支持，以提高现有重型卡车和乘用车的燃油经济性。其中通用、福特等5家企业共获得约7160万美元，用于提高乘用车的燃油经济性，它们希望通过改进发动机技术，实现2015年乘用车燃油经济性比目前提高25%～40%的目标。

当今世界各大汽车企业纷纷引入发动机节能环保技术，打造节能汽车，但其侧重点和做法各有所不同，现简单介绍如下。

1.大众：将高增压进行到底

大众汽车先进动力总成技术已经成为其最核心的企业发展战略。就在2009年的上海车展期间，大众汽车在中国正式发布了其Bluemotion（蓝驱）战略。

大众节能汽车

Bluemotion代表着大众一系列成熟的已经或者即将批量应用的系列技术，其中包括最基础也是目前已大批量应用的TSI汽油直喷发动机，DSG双离合器自动变速箱以及TDI柴油共轨直喷发动机。在这些技术基础之上，通过添加多种降低油耗和排放的技术，可以实现EcoTSI、BlueTDI和Bluemotion三大节能车型流派。其中，小型化、小排量、高增压的汽油、柴油发动机将成为未来大众汽车主要的技术发展方向，新款POLO上已经装备1.2TSI+7速DSG双离合变速箱，以后更小排量的类似发动机也将出现。

(1)FSI、TSI：直喷即高效

大众FSI直喷发动机是目前较为成熟的直喷发动机技术之一，发动机控制单元可以根据不同的发动机负荷选择不同的喷油模式，从而最大限度地提高动力输出。再加上涡轮增压技术的TSI发动机，其动力性能可以在不增加排量和只增加少量油耗的情况下大幅提升。

譬如，大众传统电喷1.8T发动机功率和扭矩为110kW和210N · m，增加了直喷技术之后可达到118kW和250N · m的输出，油耗则降低20%～30%，效果明显。

(2)DSG：双离合流畅切换

DSG，这三个字母代表了大众汽车将平顺性与动力性相结合的双离合自动变速箱——在一个挡位运行的同时，另一个挡位预置于待命状态，换挡操作中，一个离合器脱开的同时另一个离合器接合。这样的结构使得换挡过程比手动变速箱更快，更精确，而且没有顿挫感。

DSG双离合自动变速箱因为换挡过程没有动力损失，不仅比传统自动变速箱省油，更能获得比手动变速箱更好的燃油经济性。

2.通用：提高燃油经济性

通用汽车在提高传统内燃机的燃油经济性方面付出了大量的努力，这些技术按照发动机和变速箱的不同主要包括：S-TEC小排量发动机技术、ECOTEC发动机技术、涡轮增压技术、SIDI直喷技术和六速手自一体变速器。

其中，S-TEC小排量发动机目前已经装配在雪佛兰乐驰、乐骋和乐风等车型上，发动机升功率大于50kW，具有小排量大功率的特点。第二代ECOTEC发动机比上一代产品更加节油，且推出了更小排量的版本，目前已经配备于新君威和科鲁兹，未来还会配备在其他产品上。SIDI直喷技术来源于凯迪拉克，在减少油耗和排放的同时，可以输出更加充沛有力的动力。

目前，通用汽车的S-TEC小排量发动机已经在上汽通用五菱投产。而另一家合资企业上海通用汽车已经陆续引进了搭载第二代ECOTEC发动机、SIDI直喷发动机的产品，并将陆续引进搭载涡轮增压发动机的产品。

通用目前还正在研究闭路燃烧技术，这项技术可以让汽缸每一个冲程都得到控制，可以得到最大的燃油经济性，排放也会降低，按照通用汽车的计划，该技术大概不久后会在欧宝、凯迪拉克等车型上得到应用。

简单地说，柴油机燃烧起来会有油烟、氧化氮的排放，通用汽车的这项技术要把它控制在一定范围之内，让它部分均质进气压缩点燃，这样可以提高它的燃油经济性。另外，柴油微粒过滤器可以使灰尘排放降低99%。

3.奔驰：世界最先进的动力总成技术

奔驰在2006年就发布了其CGI直喷汽油机产品，将直喷汽油机技术又向前推进了一步。而在2008年法兰克福车展上，奔驰推出的F700概念车，搭载了另一项意义重大的内燃机技术——Disotto压燃汽油机。以上两项技术代表了奔驰对汽油内燃机技术的研究方向。而在柴油机方面，奔驰的CDI技术已经发展到炉火纯青的地步，其装备了Bluetec技术的柴油轿车和SUV在油耗和排放方面已经超越了丰田强混合动力轿车及SUV。

F700概念车

## 七、我国发展低碳汽车的产业优势

在中国，发展低碳汽车比较有优势，其主要表现在以下几方面。

1.中国的能源状况、自然资源对发展低碳汽车产业比较有利

进入新世纪以来，新能源电动汽车技术突飞猛进。油电混合动力技术进入产业化，锂动力电池技术取得重大突破，车用燃料电池技术不断进步。这一系列技术非常适合在我国能源资源状况下推广应用。

从能源状况来看，相对于高达50%的石油依存度，我国电力供应充足，电力装机容量接近8亿kW，一天的低谷电量约10亿kW时，可供4000万~5000万辆电动汽车充电，这一数字还将不断增加。同时我国电力来源广泛，可以充分利用多种可再生能源及清洁能源，其中风电、核电等清洁能源所占的比例也将越来越大，电力能源具有转化效率高、排放较集中，方便运输，终端分布广泛等优势，足以支持我国汽车社会的快速发展。这些条件为我国新能源电动车的发展提供了充足的能源保障。

从自然资源来看，在新能源电动汽车的生产方面，我国也有着天然优势。电动汽车的关键零部件——电池和电机所需的原材料在我国来源极为广泛，锰、铁、钒、磷、稀土永磁材料等在我国都是富产资源，这些为电动汽车产业的快速发展提供了资源保证。

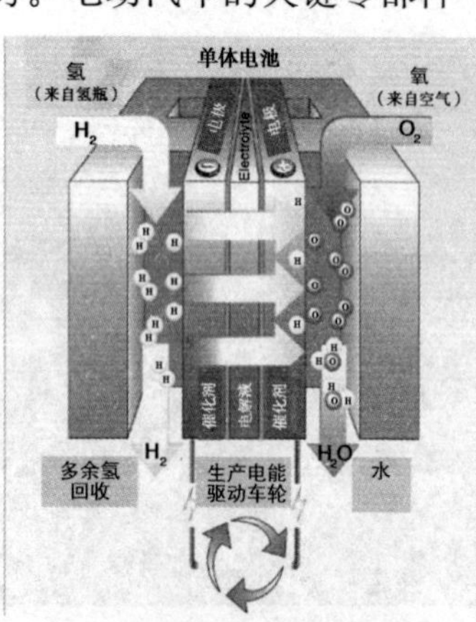

车用氢燃料电池示意图

在代用燃料汽车的发展方面，由于中国地域广阔，各种代用燃料的原料都相对充足，例如我国西北地区煤炭资源丰富，四川等地天然气资源丰富，这些自然条件为因地制宜地多元化发展代用燃料汽车提供了能源保障。

总之，我国拥有的丰富的自然资源，

可以为低碳汽车的发展提供有力保障，为我国车用能源转型和汽车产业振兴提供坚实的基础。

2.中国政府对发展低碳汽车高度重视

我国政府高度重视交通领域的节能减排和交通能源的可持续发展，通过《国家中长期科学和技术发展规划纲要（2006–2020年）》、《汽车产业发展政策》、《节能减排综合性工作方案》、《新能源汽车生产准入管理规则》等政策以及国家重大科技经济计划项目引导，初步构筑了我国低碳汽车多元化发展战略。为确保国家节能减排战略的顺利实施，国务院总理在2008年政府工作报告中提出了“着力突破新能源汽车技术”的重要部署，经过一年的努力，这项任务得到了很好的执行，国务院总理又在2009年政府工作报告中对新能源汽车的技术进步给予了肯定，并提出了更高的期望。这些政府信号为中国汽车工业朝向资源节约型的长期可持续发展提供了有力的保障，同时也为我国汽车行业在全球汽车产业受阻的情况下加速发展，形成后发优势提供了重要支撑。

2009年3月20日，中国正式公布了《汽车产业调整和振兴规划》，其中目标之一，就是电动汽车产销形成规模。主要任务包括：推动纯电动车、充电式混合动力汽车及其关键零部件的产业化。政策措施有：启动国家节能和新能源汽车示范工程，由中央财政安排资金给予补贴，支持大中城市示范推广混合动力汽车、纯电动车、燃料电池汽车等节能和新能源汽车，县级以上城市人民政府要制定规划，优先在城市公交、出租、公务、环卫、邮政、机场等领域推广使用新能源汽车；建立电动汽车快速充电网络，加快停车场等公共场所公用充电设施建设。

地方政府也积极响应配合国家整体战略规划。2009年北京市出台了一系列刺激经济发展的政策，其中，增加5亿元用来启动“绿标”公交车队计划，未来预计购买1000辆新能源车。同时，上海市也明确表示，上海市政府宣布今后两年将投入60亿元资金用于油电混合动力汽车和纯电动汽车的开发和制造。并将于2010年实现混合动力汽车的量产规模。在此基础上，上海还将在新能源汽车整车和相关零部件产业各投入20亿元，加快推动中国新能源汽车产业发展壮大。机会也意味着挑战，中国汽车企业应抓住这次契机、坚定不移地加快新能源汽车的发展步伐。

2010年6月1日，财政部等部委联合发布了《私人购买新能源汽车试点财政补助资金管理暂行办法》、《节能汽车（1.6L以下乘用车）推广实施细则》以及《关于扩大公共服务领域节能与新能源汽车示范推广有关工作的通知》。

此次密集推出的各项政策，不仅明确了国家鼓励的节能与新能源汽车发展的重点技术路线，而且对市场推广更做出了科学安排，具有很强的针对性和操作性，是政府推动新能源汽车产业化，落实节能产品惠民工程实实在在的举措。它们必将对推动新能源汽车早日实现产业化，促进汽车产业结构调整，发挥重要作用。

《私人购买新能源汽车试点财政补助资金管理暂行办法》，提出将对私人购买插电式混合动力乘用车和纯电动汽车进行补贴，同时按照《节能汽车（1.6L及以下乘用车）推广实施细则》，对消费者购买发动机排量在1.6L及以下，综合工况油耗比现行标准低20%左右的汽油、柴油乘用车给予每辆3000元的补助。前一政策，明确了新能源汽车鼓励发展的技术方向——插电式混合动力与纯电动汽车。而《节能汽车（1.6L以下乘用车）推广实施细则》的同时出台，体现了政府节能与新能源汽车并行发展的总体思路。那就是：新能源汽车是行业努力的大方向，但是节能汽车也是现阶段实现节能减排的重要力量，发展新能源汽车和节能汽车并不矛盾，两者之间不是支持与不支持的关系。在新能源汽车领域，混合动力与纯电动汽车也将携手共进。对于混合动力汽车，国家重点鼓励的是插电式混合动力汽车，这是一个比较明确的信号，表明了国家以更高等级混合动力汽车技术为鼓励重点，大力推动节能与新能源汽车共性技术发展的指导思想。

在代用燃料汽车方面，已基本确定了因地制宜发展的方针政策。2007年8月国家发改委发布的《天然气利用政策》中，将天然气汽车（尤其是双燃料汽车）列为天然气利用的优先领域。目前国内燃气汽车产业已发展到产业成熟期。

# 第五章

# 汽车污染的控制

# 一、汽车的环境公害与防治

## 汽车的四大环境公害

一部汽车工业发展史，伴随着一部环境保护史，它们相互对立和统一，相互依存和促进，交织在一起，构成了一部经济发展与环境保护协调发展的历史。

从汽车投入使用到报废为止，汽车对环境一直是个污染源。联合国人类行动基金组织警告：由于迅速增加汽车数量，预计到2025年，发展中国家将每年向大气中排放150.6亿吨二氧化碳，是发达国家向大气中排放二氧化碳的4倍。如果全球1/4的人都拥有轿车的话，臭氧层看上去就会像瑞士奶酪一样布满了空洞。

汽车的环境公害应包括汽车在生产过程中、使用中和报废后对环境大气（包括温室气体、臭氧层破坏和空气污染）和水质的污染，废弃物以及产生的环境噪声和电磁波对人体的危害以及对电器的干扰等。

(1)对大气环境的危害

汽车既为人类带来交通便利，同时也带来了巨大的能源压力和环保的负面影响。20世纪40年代的美国洛杉矶市，晴朗天气状况下，数量迅速增加的汽车尾气中的NO、$NO_2$和$SO_2$等经光化学反应形成的烟雾能前后持续4天，刺激人们的眼睛和呼吸系统。自从“光化学烟雾”污染事件首次发生之后，人们开始意识到汽车作为一

汽车对环境的污染

种移动污染源对城市大气环境和人类健康以及生态系统所带来的危害。

目前世界汽车保有量已达到8亿辆，60%的能源消耗在交通领域；全球二氧化碳排放量中，约17%来自公路运输。随着中国汽车工业的高速发展和汽车保有量的激增，造成了日益严重的城市污染。在北京、上海、广州等大城市，汽车尾气对空气污染的分担率已超过60%。目前中国汽车保有量已达2400万辆，二氧化碳排放量位居世界第二。近20年的研究结果表明，汽车不仅排出大量的一氧化碳、碳氢化合物、氮氧化物、细微颗粒物及硫化物等污染物，而且这些一次污染物还会通过大气化学反应生成光化学烟雾、酸沉降等二次污染物。汽车的排放污染物对环境影响不仅是局部的，许多影响还可以扩展到大气层中很远的距离及其他地区，并长时间地存在。通过对空气污染的全面分析，可将汽车排气污染的特征划分为：①局部的有害影响。如一氧化碳等。②区域性有害影响。如光化学烟雾、酸沉降。③洲际性有害影响。如细微颗粒、硫氧化物、氮氧化物。④全球性有害影响。如二氧化碳等。

(2)汽车噪声危害

据统计，城市噪声污染的主要来源是汽车噪声。汽车噪声一般为中等强度的噪声，大约为60～90dB左右，由于车辆噪声为移动性噪声，故影响范围大、干扰时间长、受害人员多。

噪声具有声波的一切特征。噪声的基本性质包括物理方面和生理方面。前者描述噪声的客观属性，如声压、声强、频率等，后者涉及人们的主观感觉即噪声对人的影响。噪声不仅能引起人体的生理改变和损伤，而且能对人的心理、生活和工作产生不利影响。噪声会使听力减弱、视觉功能下降、神经衰弱、血压变化和胃肠道出现消化功能障碍，甚至影响人的睡眠、谈话、学习、工作和情绪等。

(3)电磁波公害

汽车带来的第三个环境问题是电磁波干扰（电磁波公害）。电磁波干扰通常是指汽车及其车载装备在运行时产生电磁能，以电磁波的形式向周围辐射，干扰其周围数百米范围内的收音机、电视机和其他无线电装置的正常工作。同时，随着电子技术在汽车中应用程度的提高，电磁能以多种形式干扰车载无线电通信和汽车电子电器设备的正常工作。电磁波干扰不但污染了车辆周围的环境，而且影响了车辆运行的安全性和可靠性。

(4)报废汽车的环境污染

现代社会是车的社会。随着汽车工业的不断发展，各国汽车保有量不断增加，一方面数量巨大的汽车被生产出来，另一方面又产生大量的报废汽车。近年来，报废车每年达500万辆，预计不久可达约600万辆。报废汽车的露天丢弃堆放是一个既浪费资源、又影响环境和占用土地的社会难题，特别是残留在报废汽车中的燃油、润滑油（脂）、空调制冷剂和铅等有害金属，一旦进入水系和土壤，其危害将不堪设想。在汽车保有量大和汽车更新换代快的发达国家报废汽车已成为重要垃圾源，滋生大量“废弃物”，对周围环境污染及人民生活的危害越来越大，已经引起了人们的广泛重视。

废旧汽车回收利用的宗旨之一是解决汽车发展带来的环境问题。但是，汽车回收利用行业本身也有环境污染和潜在的危险因素。在废旧汽车拆解过程中和拆解后的处理环节会产生各种污染物，汽车回收产生的污染物主要有固体废弃物、有毒气体和水污染物三类。一是固体废弃物，如无法回收的零部件，掩埋是其主要处置方法，这不仅占用土地，而且使土壤质量下降，危害很大；二是采用焚烧处理时，容易产生大量的有毒气体，造成严重的大气污染；三是由润滑油、剩余燃油、乳化油以及清洗零件的除漆剂和清洗剂等造成水污染，蓄电池的废电解液造成的铅污染（含铅废水）和酸污染（含酸废水）等。

报废汽车造成的环境污染

上述气态、液态的污染物可长时间地滞留在工作环境中，有可能通过人的呼吸道、皮肤乃至消化道进入人体，对人体的健康造成危害。通常情况下，这类危害往往是慢性的、长期的，具有致癌作用和引起遗传物质的突变作用。

## 减少汽车环境公害的基本方法

减少汽车环境公害的基本方法一般都可以归纳为两大类。

1．源头法

所谓源头法是指从源头着手，降低污染的控制技术。这种方法是根据有害排放物生成机理，对发动机机构及控制系统进行改造和设计，采用新材料、新工艺、新技术和新的控制方法，使发动机内蕴可燃混合气充分和高效地燃烧，从而达到减少有害气体排放的目的，即把燃烧污染物消灭在燃料化学能转化为机械能的过程之中，故这种方法被称之为源头法或机内净化。减少汽车噪声则是对声源加吸声和隔声装置等措施，减少汽车加速时发动机噪声产生的方法；主要是在发动机的底盖上镶嵌隔音材料，隔离发动机机体内产生的声音。

2．后治理法

后治理法是指降低发动机排出有害物的控制技术。由于源头控制的效果是有限的，因此，采取发动机机外催化净化，将汽车排出的有害气体通过循环、过滤、催化反应等装置，使它们重新进入汽缸燃烧或在排放过程中被氧化、还原，变成无害物质排出车外，以减少排放污染，这种方法通常称之为后治理技术或机外净化。汽油车使用最多的是三效催化净化器和吸附还原的催化净化器。柴油车使用最多的是颗粒捕捉器DPF等，其原理是把排出的颗粒物过滤捕捉，使其燃烧变成$CO_2$排出。根据捕捉PM的处理方法可分为强制再生方式、连续再生方式和非再生方式三种。

3．汽车循环再利用技术

汽车绿色制造模式要求在保证产品功能、质量和成本的前提下，强调在从设计、制造、使用直至报废回收的整个生命周期内，综合考虑产品的环境属性，如可拆解性、可回收性、可维护性、可再生性以及对人身的健康安全等，以保证对环境影响最小和资源利用效率最高。对汽车的废弃物采用循环再利用技术，不仅能解决报废汽车带来的环境问题，还可解决汽车制造过程中面临的资源枯竭问题。

## 二、汽车排气污染物的生成及危害

汽车排气污染物主要包括气态污染物和颗粒物。汽车排气污染物对装点燃式发动机和装压燃式发动机的汽车而言有所不同，其中，对装点燃式发动机汽车，是指排气管排放的气态污染物；对装压燃式发动机汽车，则指的是排气管排放的气态污染物和颗粒物。

气态污染物指排气污染物中的一氧化碳、碳氢化合物和氮氧化物。

颗粒物指在温度不超过325K（25℃）的稀释排气中，由规定的过滤介质上收集到的所有物质。

传统汽车发动机燃料为汽油和柴油。汽油和柴油主要是碳、氢原子构成的多种碳氢化合物的混合物。对于理想的燃烧过程而言，其燃烧产物应该为二氧化碳和水；而对于典型汽车发动机的燃烧过程而言，由于发动机中在燃烧过程发生的空间极为有限，每次燃烧过程持续时间极为短暂，所以燃烧很不充分。另外，发动机在燃烧过程中的温度很高，这些因素导致排气中除含有$CO_2$和水等因素以外，还有碳氢化合物、一氧化碳、氮氧化物、硫化物、颗粒物、光化学烟雾等。这些物质都在不同程度上对环境和人体健康构成一定的危害。

汽车尾气污染

1．一氧化碳

CO是一种无色、无味、无臭、无刺激的有毒气体，相对密度0.967，几乎不溶于水，在大气中比较稳定。

(1)一氧化碳的生成机理

CO是一种不完全燃烧的产物，其生成机理比较复杂。若以R代表碳氢基，则燃料分子RH在燃烧过程中生成CO要经历如下反应：RH→R→$RO_2$→RCHC→RCO→CO。

CO生成的最主要的原因是氧气不足。不论是氧气不足或其他原因都会使得燃料的化学能没有彻底转换为热能，亦即影响了燃料的燃烧效率。发动机排气中CO的浓度越高，意味着燃烧效率越低。

(2)一氧化碳对人体健康的危害

一般城市中的一氧化碳水平对植物及有关的生物均无害，但对人体则有害，主要是导致人体组织缺氧。因为CO被人吸入肺部后，非常容易与血液中的血红蛋白结合，即与血红素作用生成羧基血红素。血红素与CO的结合能力较与氧的结合能力大200～300倍，而且分解困难。因此，可使人体血液携带氧的能力降低而引起缺氧，由此抑制思考，使人反应迟钝，引起睡意。浓度很高时会出现头疼、昏昏沉沉的症状，甚至死亡。暴露在高浓度的CO中会加剧心绞痛，增加冠心病患者发生运动性心痛的可能性，还可能影响胎儿的正常发育。交通高峰时段常常出现CO的污染峰值，汽车内浓度有时比车外更高。

综上所述，CO对人体的毒害程度大小，由许多因素决定。如空气中CO的浓度大小、同CO接触时间的长短、呼吸的速度以及有无吸烟习惯（吸烟者羧基血红素的本底浓度为5%，不吸烟者约为0.5%）等对人体的受害程度均有很大影响。

2．氮氧化物

大气中的含氮化合物有NO、$NO_2$、$N_2O_3$、$N_2O_5$等，总称为$NO_x$。造成空气污染的氮氧化物主要是一氧化氮和二氧化氮。NO是无色无味气体，稍溶于水。一般空气中的NO对人体无害，只有轻度刺激性，毒性不大，但当高浓度时会造成中枢神经轻度障碍。NO可被氧化成$NO_2$。$NO_2$是一种棕红色强刺激性的有毒气体，具有腐蚀性和生理刺激作用，能降低远方物体的亮度和反差，又是形成光化学烟雾的主要物质。

(1)氮氧化物的生成机理

城市空气中$NO_x$主要来源于汽车发动机的排放。汽车发动机燃烧过程中所生成的$NO_x$主要是NO，约占95%，同时也会生成少量的$NO_2$，仅占5%。

汽车发动机燃烧过程中生成大量的NO，当其经排气管排入大气后，在大气条件下逐渐与氧或臭氧结合形成$NO_2$。

(2)氮氧化物对人体健康的危害

$NO_2$吸入人体后与血液中血红蛋白Hb结合，使血液输氧能力下降，对心脏、肝、肾等均有影响。空气中$NO_2$的浓度及人体与之相接触的时间不同，对人体的毒害程度也有所不同。

（3）空气中$NO_2$浓度对人体健康的影响

一般城市中的$NO_2$浓度能引起急性呼吸道病变。试验证明，在$0.063 \times 10^{-6} \sim 0.083 \times 10^{-6}$的浓度下，可使6个月大小的儿童的支气管炎发病率明显增加。

3．碳氢化合物

自然界中的碳氢化合物主要是由生物的分解作用产生。大气中的碳氢化合物（也称烃）则主要来源于汽车发动机排气管排放、燃油供给系统蒸发泄漏以及曲轴箱泄漏排出的HC，此处仅介绍汽车发动机排气管排放物的HC。

发动机排气中的碳氢化合物其成分极其复杂，当发动机内的部分燃油以及进入燃烧室的少量润滑油没有燃烧或燃烧不完全，就会以HC的形式排出。它的成分主要是未参加燃烧的燃油碳氢化合物分子、燃烧过程中高温分解和合成的中间产物和部分氧化物，如苯、醛、酮、烯、多环芳香族碳氢化合物等200余种物质。

发动机排气中的碳氢化合物与燃油种类（初始成分）有很大的关系。汽油机和柴油机由于所使用的燃油不同，两者的工作过程和燃烧方式也不同，所以HC在汽油机和柴油机中的生成机理是不同的。

(1)HC在汽油机中的生成机理

①燃烧不完全。②燃烧室内的缝隙效应。③壁面淬熄效应。④缸壁润滑油膜和积炭的吸附及释放。

(2)HC在柴油机中的生成机理

由于柴油机是扩散燃烧，混合气的形成和汽油机不同，缝隙中为空气，因而缝隙效应并不明显，燃油在燃烧室内的停留时间比汽油机短，这是柴油机HC排放低于汽油机的主要原因。当然，如果燃油喷雾特性与汽缸内气流运动特性匹配不好，使得燃油被喷射到壁面上，也会由于吸附和淬熄效应，造成HC排放增高。一般柴油机中产生HC的主要原因是混合不均匀、在燃烧过程后期低速离开喷油器的燃油混合及燃烧不良所致。

(3)HC对人体健康的危害

碳氢化合物(HC)对人体健康有直接的影响。在排出的HC中，饱和烃一般危害不大，如排出的HC中，甲烷气体无毒性，乙烯、丙烯和乙炔主要会对植物造成危害；但是不饱和烃却有很大的危害性，如排出的HC中，苯是无色气体，但有特殊气味，特别难闻，可引起食欲不振、体重减轻、易倦、头晕、头痛、呕吐、失眠、黏膜出血等症状，也可引起血液变化，红血球减少，出现贫血，还可以导致白血病。而排出的HC中甲醛、丙烯醛等醛类气体，同样会对人的眼、鼻、呼吸道和皮肤有强刺激作用，当浓度超过$1\times10^{-6}$时，会引起结膜炎、鼻炎和支气管炎等；浓度超过$2.5\times10^{-5}$时，会引起头晕、恶心；超过$1\times10^{-3}$时会引起急性中毒。在排出的HC中的多环芳香烃，即苯并芘及硝基烯，是一种较强的致癌物。烃类成分还是引起光化学烟雾的重要物质。

4. 颗粒物

颗粒物是指在温度不超过325K(25℃)的稀释排气中，由规定的过滤介质上收集到的所有物质（即排气成分）。

对装压燃式发动机的汽车，排气污染物除气态污染物外，还有颗粒物。

燃烧室排放出的颗粒物有三个来源，其一是不可燃物质；其二是可燃的但未进行燃烧的物质（燃料和润滑油成分）；其三是燃烧生成物。燃烧过程中排出的颗粒物质组成中大部分是固态碳，火焰中形成的固体碳粒子称为炭黑。炭黑可以在燃烧纯气体燃料时形成，但更多的则是在液体燃料燃烧时形成。颗粒物质的组成中除炭黑外还有碳氢化合物、硫化物和含金属成分的灰分等。含金属成分的颗粒物主要来自于燃料中的抗爆剂、润滑油添加剂以及运动产生的磨屑等。

由于汽油机采用预混合燃烧方式，除了因使用高含铅量汽油（我国已在2000年7月1日起全面禁止使用有铅汽油）而引起含铅颗粒排放外，一般可认为汽油机不产生颗粒。而柴油机采用扩散燃烧方式，这就决定了柴油机产生颗粒是不可避免的。柴油机和汽油机相比，其颗粒排放量要多几十倍。加上碳烟（颗粒中的主要部分）的可视性以及部分颗粒成分被认为是致癌物质，以致颗粒碳烟排放成为柴油机最引人注目、也是最引起非议的排放问题。

柴油机排放的烟有白烟、蓝烟和黑烟（碳烟）。其中白烟和蓝烟是液态颗粒，而黑烟是固态颗粒。白烟是高沸点的未燃烃和水蒸气混合而成的液态颗粒，它的直径一般在1.0μm左右，主要是在冷起动时产生（温度低于250℃）。蓝烟主要是未燃烧的烃，有燃油和润滑油以及燃烧中间产物，其颗粒较小，一般在0.5μm以下，蓝烟主要是在暖机时产生(温度在250~650℃)，当发动机温度提高后，蓝烟就会消失。黑烟由碳烟颗粒（呈黑色）所组成。碳烟排放的升高与降低必然导致颗粒排放的相应变化。汽车排出的碳烟颗粒，通常直径都在1μm以下，柴油机的颗粒尺寸比汽油机大。通常未采取控制措施的柴油机排出的颗粒是带有催化反应器的汽油机的50~70倍，因此，为控制排放污染，必须认真研究柴油机炭烟的生成机理。

汽车排气危害人体健康

(1)炭烟的生成机理

在整个燃烧过程中，炭烟通常要经历生成和氧化两个阶段。

①炭烟的生成。炭烟是由烃类燃料在高温缺氧条件下裂解生成的。一般认为，当燃油喷射到高温的空气中时，轻质烃很快蒸发汽化，而重质烃会以液态暂时存在。液态的重质烃在高温缺氧条件下，直接脱氢碳化，成为焦炭状的液相析出型碳粒，粒度一般比较大。而蒸发汽化了的轻质烃，经过相对比较复杂的途径，产生气相析出型碳粒，粒度相对较小。首先，气相的燃油分子在高温缺氧条件下发生部分氧化和热裂解，生成各种不饱和烃，如乙烯、乙炔及其较高的同系物和多环芳香烃；它们不断脱氢形成

原子级的碳粒子，逐渐聚合成直径2μm左右的炭烟核心（碳核）；气相的烃和其他物质在碳核表面的凝聚以及碳核相互碰撞发生的凝聚，使碳核继续增大，成为直径20～30μm的炭烟基元；而炭烟基元经过相互聚集形成直径．1μm以下的球状或链状的多孔性聚合物。重馏分的未燃烃、硫酸盐以及水分等在碳粒上吸附凝聚，形成颗粒排放。

②炭烟的氧化。已经生成的炭烟，只要能遇到足够的氧化氛围和高温，也会发生氧化反应，其体积缩小甚至完全氧化掉。因所处局部区域的氧化条件不同，炭烟的氧化速率不同。由此可以得到降低柴油机炭烟的指导思想之一，即燃烧前期应尽量避免高温缺氧，以减少炭烟生成；燃烧后期应保证高温富氧和加强混合扰流强度，以加速炭烟氧化。

(2)颗粒物对人体健康的危害

颗粒对人体健康的危害与颗粒的大小及其组成有关。颗粒可以通过呼吸沉积到人体肺部，从而加重呼吸系统的疾病。颗粒越小，悬浮在空气中的时间越长，进入人体肺部及支气管中的比例越大，危害也越大。小于0.1μm的颗粒能在空气中作随机运动，进入肺部并黏附在肺细胞的组织中，有些还会被血液吸收；0.1～0.5μm的颗粒能深入肺部并黏附在肺叶表面黏液中，随后会被绒毛所清除；大于5μm的颗粒常在鼻处受阻，不能深入呼吸道；大于10μm的颗粒可排出体外。近年来，细颗粒对健康的影响越来越受关注，由于其表面通常吸附许多有机污染物、重金属元素和一些致癌物质，沉积到人的肺部会产生累积健康危害。由于柴油机排出的颗粒直径大都小于0.3μm，而且数量比汽油机高出30～60倍，成分更复杂，因而柴油机排出的颗粒危害更大。

5．光化学烟雾

光化学烟雾是指HC和$NO_x$在阳光作用下发生化学反应而生成的刺激性产物。

(1)光化学烟雾的生成机理

产生光化学烟雾的基本条件是大气中存在一定浓度的HC和$NO_x$。当$HC/NO_x>3$时，在强烈的阳光照射下会产生臭氧和过氧酰基硝酸盐组成的光化学烟雾。一般这种二次有害污染物常发生在夏秋季之间，在污染物多、大气不流畅的大城市或盆地地区，而且在午后2～3点时光化学烟雾浓度最高。

(2)光化学烟雾对人体健康的危害

①光化学烟雾对人眼睛的刺激。光化学烟雾中的甲醛、过氧化苯甲醛酰硝酸基、过氧酰基硝酸盐和丙烯醛对人的眼睛会产生刺激。

②光化学烟雾对人呼吸道的影响。光化学烟雾中的臭氧刺激呼吸系统的黏膜，导致咳嗽、呼吸困难，削弱肺功能，对室外锻炼的人特别有害。臭氧还引起诸如深呼吸时胸部不适，眼睛、鼻子、喉咙刺痒，头痛、疲倦等症状，并使哮喘病患病率增高。臭氧会增加人对过敏源如花粉的敏感性，也降低人体对细菌和病毒的抵抗力（如引起感冒、肺炎等）。

③空气中臭氧的浓度对人体健康的影响。需要区别的概念是地面附近的臭氧和通常所说离地面1万米以上的臭氧层不一样，臭氧层吸收太阳的紫外线，对保护人类意义重大，而地面附近的臭氧是强氧化剂，不仅能对人体健康造成伤害，而且同样对有机物质及植物产生很大的危害。

6．硫化物

液体燃料中的硫含量是指燃料中元素硫和活性及非活性硫化物的总含硫量。由于正常燃料中一般不允许有活性含硫物质，所以硫含量实际上是硫元素和各种非活性含硫物质的总硫量。这些物质主要包括硫醇、硫醚、二硫化物等。汽车燃烧产物中的硫化物主要来自这些含硫物质的燃烧，含硫燃料燃烧火焰呈淡蓝色。含硫燃料一旦燃烧，其中的硫就很容易与氧化物进行反应，硫和燃料中的氮类似，它能更快地转化成硫的氧化物。

在燃烧系统中元素硫或含硫化合物主要以二氧化硫形式存在，三氧化硫含量很少，即使在很贫的燃料状态下，也只占$SO_2$的百分之几。但是$SO_3$极易与水生成硫酸，因此$SO_3$的浓度相当重要。在富燃料状态下，除了$SO_2$外还有硫化氢和元素硫等稳定产物。

大气中的硫化物主要是指$SO_2$、$H_2S$、$H_2SO_4$和硫酸盐。汽车排放的硫化物主要是柴油机排出的。

$SO_2$对人类健康有重要影响，它能刺激人的呼吸系统，尤以有肺部慢性病和心脏病的人最易受害，使呼吸道等疾病增多。当空气中$SO_2$年平均浓度大于$0.04\times10^{-6}$或日平均浓度大于$0.11\times10^{-6}$时，即对人体产生危害。值得指出的是当$SO_2$与颗粒物质共存时，其危害可增大到3～4倍。随着低硫柴油的推广使用，$SO_2$的排放在逐年降低。

## 三、汽车尾气排放控制系统

1．排放控制系统在现代汽车上的运用

随着汽车数量增加，汽车有害排放物对大气的污染日趋严重，世界各国限制汽车排放污染的法规越来越严格，控制标准越来越高。汽车排放控制系统已成为现代汽车上重要的、不可缺少的组成部分，它能将汽车的有害排放物控制在最低程度，减少对大气的污染。

在传统汽车及发动机的设计中，主要考虑的是动力性和可靠性等使用性能指标。为了达到日益严格的排放控制要求，排放控制系统必须和整车其他系统一起进行统一设计，使现代汽车能够达到所规定的、包括排放性能在内的综合性能指标的要求。

排放控制系统与汽车上其他系统采用统一设计，各个系统相互依赖，实质上排放系统与其他系统有着紧密的联系。例如，发动机喷油量控制不当、点火时控制不准，不仅会使燃油消耗增加，动力性下降，而且排放污染物也会增加。现代汽车上的控制系统已基本实现“电子化”，即运用电子系统控制汽车，使汽车上的控制逐步“一体化”，以达到更高的综合性能指标。因此，我们不能把排放控制系统看作一个独立系统只为解决单一排放的问题，而应视其为整车控制系统的一部分。现代汽车上一般采用了曲轴箱强制通风装置、燃油蒸发排放控制装置、进气加热装置、废气再循环装置、催化转换装置、发动机计算机管理、柴油机排放颗粒物搜集装置等。

2．减少汽车排放污染的基本方法

减少汽车排放污染的第一种方法是机内控制法。这种方法是根据有害排放物生成机理，对发动机机构及控制系统进行改造和设计，采用新材料、新工艺、新技术和新的控制方法，使发动机内的可燃混合气充分和高效地燃烧，从而达到减少有害气体排放的目的。例如，将现代汽车发动机汽缸的直径设计较大而活塞行程较小，能迅速提高汽缸内壁温度，减少了因缸壁温度过低而使缸壁周围冷熄区混合气不能充分燃烧而产生的排放。火花塞上采用新材料和改进结构，提高了点火能量，有利于混合气充分燃烧。这些对发动机及控制系统本身的改造和重新设计，都能较好地减少排放污染。电子控制装置在现代汽车上的运用能进一步减少汽车排放污染。例如，发动机上的电子控制燃油喷射系统，它既能根据发动机的各种工况精确地控制喷油量，达到合理的空燃比，又能使燃油雾化良好，加上计算机精确的点火控制，使污染物排放进一步减少。

减少汽车排放污染的第二种方法是机外控制法。这种方法将汽车排出的有害气体通过循环、过滤、催化反应等装置，使它们重新进入汽缸燃烧或在排放过程中被氧化、还原，变成无害物质排出车外，以减少排放污染。如现代汽车上的曲轴箱通风装置，它可以把“窜”入曲轴箱的混合气强制导入燃烧室进行重新燃烧，从而有效避免了混合气从曲轴箱中溢出而污染空气；再如二次空气喷射装置，将新鲜空气喷入到排放道中，利用废气余热使有害气体充分氧化、还原，有效抑制碳氢化合物、一氧化碳、氮氧化合物等有害气体的排放。



## 四、汽车使用中排放污染控制措施

### 汽车使用中排放控制的意义和重要性

随着社会消费水平的日益提高，汽车不仅只是国民经济生产中主要的运输和交通工具，而且也逐渐进入百姓的家庭成为主要的代步工具。虽然现在对汽车排放控制越来越严格，排放控制技术也大量运用在汽车上，就单车而言汽车污染物的排放量确实大大得到了降低。但是，随着汽车数

汽车排放污染已成为全球性公害

量的急剧增加，汽车排放污染物总量呈逐年上升趋势，汽车排放污染已成为全球性公害，我们必须予以高度重视。如我国首都北京、国际大都市上海、广州等经济发达的城市，汽车排放污染与煤尘污染混为一体，相互作用，给当地空气质量带来了极大的影响。有报告显示，广州、深圳等城市汽车尾气染污已占据大气污染的50%左右。北京地区大气中HC及CO成分的6%以上来自汽车排放，大气中$NO_x$的成分也有将近4%来自汽车尾气排放。

汽车排放污染物对人体健康造成的危害是非常严重的，它刺激人体皮肤和呼吸道，使人产生不良反应甚至生病；它通过呼吸系统和血液循环使人体慢性中毒。所以对汽车使用中的排放污染的控制要放眼长远、立足当前、防重于治，要以防治结合为原则，从政策法规到技术措施环环紧扣，认真采取有效措施予以控制。

**汽车排放控制的难点**

我国控制汽车排放的重点应立足于对使用中的汽车排放的控制，在这点上容易得到社会的共识，但就目前而言，对使用中的汽车实施排放控制还存在下列困难。

1．改造难度很大

汽车作为一种耐用消费品，其使用寿命一般都在10年以上。汽车出厂时，其排放只达到当时的排放要求，随着时间的推移，排放控制标准也随之提高，原来出厂的汽车其排放标准自然不能达到新标准的要求。那么，如何使原来的汽车重新达到新的排放标准？当然，对汽车进行改造是首先要考虑到的，也是最直接有效的办法。然而要对在用汽车进行改造可谓困难重重。

首先，我国在用汽车品种繁多，各种车辆在设计制造过程中都经过详细的论证、试验和定型认证。其各种固有的技术参数，包括动力性、经济性、排放等指标是相互制约、互为依托的。对已经定型的产品进行改进，从技术角度讲有一系列繁杂的程序，必须经过反复试验验证，在取得可靠的试验数据并经有关部门认可批准后方可实施。再则，现代汽车是机、电、液一体化产品，汽车运行的许多数据是共用的，若任意改变其中某一参数，将会影响到整个汽车的工作性能，可谓“牵一发而动全身”。还有，对已定型的汽车产品进行改动，还涉及产品专利、知识产权等一系列问题。因此，对在用汽车进行改造而使其达到新的排放标准，不可能一蹴而就。

2．对在用汽车排放控制的管理难度大

我国在用汽车数量多，分布广、使用环境复杂，实行的是多头管理。因此，要对在用汽车进行排放控制，从管理的角度上讲异常困难。

(1)我国汽车运输业的格局已发生变革

我国的汽车运输业早已跳出了计划经济时期以专业运输单位和大型工矿企业自备车辆运输为主的旧框子，取而代之的是以各种隶属关系、各种经济成分、各行各业共办运输的新格局。

同时，汽车以十分迅猛的发展趋势进入家庭。因此，车辆所有权、使用对象、使用目的和使用范围以及运输形式、车辆使用模式等都发生了深刻变化。面对这样复杂纷繁的运输群体和运输结构形式，要制定有效可行的在用汽车排放控制政策，进行有效管理其难度是可想而知的。

(2)我国运输汽车所处的运行环境千差万别

我国幅员辽阔，自然地理环境和气候条件使运输汽车所处的运行环境千差万别。而各地区制定的车辆使用政策和排放控制指标又相距甚远，不利于汽车排放污染的控制。

(3)我国现行的车辆管理体系存在诸多问题

我国现行的车辆管理体系存在着明显的行政意志痕迹和部门利益痕迹，管理上亦存在着多头干预、部门职能交叉、条块分割的弊端。一些行业自成体系，脱离车辆管理的统一制度另搞一套；有些地方和部门实行产品垄断和技术封锁，使车辆管理无法统一实施。比如，除军车管理外，大型矿山、油田用车辆、一些特种车辆（如城市公共汽车、出租车、邮车）等，多采用独立的车辆管理体系，非常不便于实施全国统一的车辆技术管理政策，势必影响对汽车排放的控制。

再则，就目前我国汽车运输的现状而言，许多经营户对车辆缺乏科学管理，不能合理使用。如出现超载、以修代保、随意加装设备等急功近利的短期行为。尽管十几年来车辆技术管理部门、汽车维修管理部门、交通部门颁布了一系列管理规章并采取了一定的技术措施，但如何将全社会的在用车辆纳入科学的、制度化的技术管理轨道，仍然是一个严肃的课题。

## 汽车使用中排放控制的主要途径及最佳选择

虽然对在用汽车进行排放控制存在着诸多困难和问题，但这不能成为放弃对我们生存环境保护的理由。恰恰相反，我们应借鉴国外对汽车排放控制的先进经验，积极探索和寻求适合我国国情的控制和治理汽车使用中排放控制的有效途径。据资料介绍和诸多专家学者的研究推荐，目前国际、国内对汽车使用中实施排放控制的主要途径有：

倡导少开车活动

1.限制车辆使用

一些国家或地区为了减少汽车排放污染，制定了限制车辆使用的政策。例如，在城市鼓励坐公交车或多人合乘小客车、车辆限时通行或限制从人口稠密地区通行、单双日按车牌尾数限制使用等。这些政策的出台与实施，无疑会大大减少汽车排放污染。然而这与车辆用户购车的初衷是明显相悖的。与国家发展交通运输事业、鼓励汽车制造产业的发展、拉动市场消费需求相矛盾。可见该方法仅能作为权宜之计，长期以此作为控制在用汽车的排放，显然有所偏颇。

2．改进燃油品质

改进汽车燃油品质是减少汽车排放污染最有效和最理想的方法之一。因为燃油的品质与发动机的燃烧过程和燃烧效果有着直接的关系。例如，过去的车辆使用含四乙基铅的低标号燃油，其铅添加剂虽然能提高汽车的抗爆性能，但其燃烧后的废气中的铅有致癌的成分。当换用无铅的高标号汽油后，发动机燃烧质量得到了提高，也剔除了排放中铅成分。然而，要提高和改进燃油品质，并非能一蹴而就，它需要有关科学家付出5年、10年乃至更长时间的努力。因此，我们只能把“改进燃油品质”作为控制汽车排放的努力方向。

3．对汽车进行技术改造增加排放后处理装置

在设计上，通过对汽车的技术改造，提高燃油的燃烧效率，使燃料充分、完全燃烧，减少汽车排放污染当然也是主要途径之一。但是显而易见，增加任何一种排放后处理装置都会增加汽车的制造成本，同时部分排放后处理装置对汽车的动力性、经济性亦有一定的影响。

4．对使用中的汽车进行定期检查维护

汽车排放污染的增加是车辆性能不稳定或恶化的一种表征。其内在原因是多方面的，如燃油品质不佳、车辆超负荷运作、发动机各系统工作不正常或调整不当、曲轴箱通风装置工作不良、废气排放控制装置工作失效等，都会导致汽车排放的增加。随着汽车行驶里程的增加，汽车各系统工作性能必然下降，配合间隙必然会失去原来的标准，这就要求必须对汽车进行定期维护和检查，以恢复汽车各系统的正常工作状态，消除汽车故障隐患，减少汽车排放污染。

有人错误地认为对于汽车排放污染的检测和维修，只要用汽车尾气分

析仪检查汽车尾气排放是否达标即可。若不达标，就对与汽车排放相关的装置或系统进行简单的检查调整，就能解决问题。但事实上，只有对汽车的整车技术参数，尤其是发动机的各种技术状况和技术参数进行全面的检测和有效维修，车辆排放才能保证在正常的状态之下。为此，必须建立严格的车辆技术管理制度，确保车辆按照一定的周期接受全面的技术状况检查和测试，保证车辆的技术要求，使之达到排放控制标准。国内外治理使用中汽车排放污染的成果和经验证明，建立完整的汽车维护体系、实行严格的汽车检测维护制度是目前最科学、合理、经济、有效的汽车排放污染控制途径。

5. 提高驾驶员的汽车排放控制意识

汽车驾驶员是汽车的使用者和主导者，驾驶员驾驶技术的熟练程度和对汽车排放控制意识的强弱都与汽车排放有着十分密切的关系。

(1)驾驶员应不断提高汽车驾驶技术

汽车驾驶员应通过学习和实践不断提高汽车驾驶技术，在行车过程中要顺畅、流利，避免急加速、急刹车；要合理使用挡位，避免高速低挡或低速高挡；要尽可能地使用经济车速并合理选择行车路线避免绕道。

(2)汽车驾驶员要养成日常维护的习惯

汽车驾驶员要养成日常维护的习惯，出车前应对汽车的油、水、电及安全部位进行维护和检查，保证汽车良好的性能。并自觉定期（或定里程）将汽车送往维修站进行检查调整。

(3)在较长时间等候时，应及时关闭发动机，以减少燃油消耗和排放增加

上述几种控制在用汽车排放污染的方法是目前常见的、运用得最多的方法。但从发展的眼光看，要从真正意义上减少汽车排放污染或实现汽车使用中的零污染，我们还得从新技术、新能源着手。比如：使用天然气汽车、混合动力汽车就能大大减少汽车排放污染；使用太阳能汽车、电动汽车就几乎能实现汽车使用中的零污染。

## 五、汽车检查维护制度与排放控制

随着汽车工业的迅猛发展，汽车维护业也经历了从无到有，从小到大，由弱变强的发展过程，逐步形成了在国民经济中有巨大作用和一定影响的独立行业。前面已探讨了控制汽车排放污染最有效的途径是对车辆进行定期检查和维护，由此可见汽车维修业对控制汽车排放也起着举足轻重的作用。

1．我国汽车检查维护制度的历史沿革

旧中国，由于汽车数量极为有限，所以汽车修理还没有形成规模生产，称不上一个单独的行业，自然也谈不上有什么维修制度和行规行约。新中国成立后，随着“一五”计划的实施，国家建立了包括汽车制造在内的一批大型骨干企业。20世纪50年代中期，国产汽车正式出厂，推动了一些大城市道路运输企业的组建，少数由国家组建的汽车维修企业也应运而生。但当时由于受到配件材料、工艺技术等因素的影响，汽车修理几乎都是以修旧利废为主，很难保证汽车性能的全面恢复，更无暇顾及汽车排放控制。

我国最早的“保修”制度，源自于苏联。后来，随着我国汽车制度和道路运输业发展的需要，又有了许多的改进和变革。

1951年交通部召开了全国汽车运输技术工作会议，拟定了《汽车运输企业暂行技术标准与定额》，并于1952年7月正式发行全国各运输单位试行。由此初步形成了一些技术管理制度。

1954年7月29日，交通部正式颁布了“红皮书”，即《汽车运输企业技术标准与技术经济定额》。其中规定：汽车的技术保养分三级，即例行保养，一级保养，二级保养；汽车修理分三类，即小修、中修和大修。“红皮书”的颁布，对保证车辆的技术状况起到了重要的作用，但汽车排放控制并不是“红皮书”关注的焦点。

1963年，交通部又召开了全国专门会议，对实行了近10年的“红皮书”进行讨论和修改。并于12月颁布实行了《汽车运输企业技术管理制度》和《汽车运输技术规范》，以适应汽车运输业迅速发展的需要。

1965年，交通部又颁布了“汽车运用规程”和“汽车修理规程”，将汽车保养分为四级，即例行保养、一级保养、二级保养和三级保养，也就是我们所说的不包括例行保养的三级保养制；汽车修理分为四类，即汽车大修、总成大修、汽车小修和零件修理，取消了汽车中修。

1980年颁布了《汽车运输和修理企业技术管理制度》，1981年颁布了《汽车修理技术标准》（JT3101—1981），在《制度》中明确规定例行保养从保养篇中划出纳入使用篇。此后，汽车的技术保养和修理都按三级、四类划分。各级保养的作业项目是：

①例行保养：以清洁、检查、补给为中心。

②一级保养：以紧固、润滑为中心。

③二级保养：以检查、调整为中心。

④三级保养：以总成解体消除隐患为中心。

总之，原来汽车保养分级和周期的确定，一般依据以下三个方面来确定：一是汽车制造厂所建议的作业周期与作业内容；二是科研部门经过试验而提供的作业周期和作业内容；三是各地区汽车运输企业主管部门从本地区、本部门具体实际情况出发，对贯彻计划、预防、保养制度所积累的原始资料及对个别车型的鉴定，经过分析研究，初步拟出的保养分级、周期与作业内容，然后在实践中进行论证，积累经验，不断总结改进，最后确定执行。

上述一系列汽车维修管理措施的出台，规范了维修行业，使企业的管理水平和维修能力得到了很大的提高，形成了一支汽车维修的技术骨干队伍。广大运输企业逐步认识重营运、轻维修给车辆管理和汽车性能带来的危害，纷纷建立企业车辆技术管理制度，对车辆严格实施计划保养和修理制度，这对保持车辆技术完好，在当时起到了至关重要的作用。虽然当时的车辆技术管理中没有控制汽车排放的概念，但通过定期的检修和维护，保证了车辆的技术状况。因此，当时的车辆技术管理制度对减少汽车排放也起到了一定的作用。

20世纪70年代末期，由于我国国民经济体制改革，使我国汽车运输行业的车辆数量迅速增加，在汽车运输和维修中，提出“有路大家行，有车大家维护”的方针，维修业也像雨后春笋般迅速发展，后来的车辆维修制度已不能适应和满足新形势的需要，改革旧制度，探讨新的维修制度势在必行。

繁忙的交通运输业

近年来，汽车工业迅猛发展，汽车已由机械和简单的电产品转变为机、电、液一体化的高科技产品。特别是大量电子产品，如各种传感器、执行器和微电脑在汽车上的运用，汽车检测技术显得尤为重要。因此，又提出了最佳的保养制度是“定期检测、强制维护、视情修理”。同时随着人民环保意识的增强，在汽车维护检测制度中，汽车排放也被列为其重点内容。例如，汽车的年检中，汽车排放是必检内容。交通部1990年3月发布的13号部令中，第一次把车辆检测诊断技术的应用列入条款。同时，对原汽车保养制度的指导性原则进行了重大调整，即把“定期保养、计划修理”改为“定期检测、强制维护，视情修理”。取消了大拆大卸的三（四）级保养制，改为二级维护制。

《道路运输业车辆技术管理规定》（交通部1990年第13号令）和《道路运输车辆维护管理规定》（交通部1998年第2号令）规定车辆必须按国家和行业有关标准规定的行驶里程划分间隙时间，进行规定的检测和维护作业，达到规定的技术条件，接受规定的质量监督。根据部令的要求，交通部还及时颁布了《汽车维护工艺规范》（JT/T201–1995）行业标准。

(1)定期检测

“定期检测”是通过现代化的技术手段，借助先进的检测仪器，定期对汽车进行检查、测量，以正确判断汽车的技术状况。它包含两层含义：一是根据车辆的老旧程度、使用率和使用强度等，制定定期检测的里程或周期。实现“定期检测”最好的办法是建立车辆综合性能检测站，由道路运政管理部门有计划地定期组织车辆到认定的检测站进行综合性能检测。二是“定期检测”结合汽车维护周期进行，以此来确定附加作业项目，同时通过汽车的检测和技术鉴定，确定汽车需要修理的情况。

从“定期检测”的含义可以看出：实行“定期检测”是提高车辆技术状况、保证安全生产、充分发挥车辆效能、降低运行消耗、减少汽车排放污染的关键。

(2)强制维护

强制维护并没有废除过去的计划维护制度，只是在计划预防制度的基础上增加了定期检测内容，以确定附加作业项目。在执行车辆维护时，必须结合状态检测去进行。亦即“强制维护”同样是在计划预防的基础上进行状态检测的维护制度，只是进一步强调了维护的重要性。

(3)视情修理

“视情修理”是随着检测诊断技术的发展和维修市场的变化而提出的。过去“计划修理”往往以车辆行驶里程或车辆行驶时间确定修理周期，“计划修理”较少考虑车辆本身的技术状况、车辆的运行条件和强度等因素。因此，常常会出现有的车辆技术状况良好的情况下要强制进行修理，造成浪费。有的车辆因修理不及时而使汽车技术状况恶化，造成动力性、经济性、安全性下降、汽车排放污染急剧上升。“视情修理”必须经过检测诊断和技术鉴定，这里体现了技术与经济相结合的原则，也体现了维修技术的发展，这是制度的一次重大变革。总之，“视情修理”的实质是：由原来的以行驶里程或车辆使用时间为基础确定汽车修理方式改变为以汽车实际技术状况为基础的修理方式。“视情修理”与“强制维护”是相辅相成的。

2. 汽车检查维护与排放控制

汽车排放控制是一个系统而复杂的工程，从汽车的设计制造到燃料的品质，从使用维护到驾驶员控制汽车排放污染的意识，其中任何一个因素无不影响到汽车的排放。然而，单就使用中汽车排放控制这个角度看，实行一整套严格的、切实可行的检查维护制度不失为更切实际和经济有效的策略。

近年来，一些经济发达、长期受汽车排放污染困扰的国家，相继提出和实行了对使用中汽车控制的I/M制度。I/M是英文Inspection和Maintenance最前面两个字母的缩写，其含义是：通过对在用汽车的检查，确定引起排放污染严重的原因，然后有针对性地采取维修措施，使在用汽车最大限度地降低排放污染。比较我国现行的汽车检查维护制度，在治理使用中汽车排放污染方面，无论是方向还是具体方法操作程序都非常相似，由此就更加坚定了坚持通过对汽车检查维护来控制在用汽车排放污染的信心。但是，过去国家治理大气环境污染不像今天这么紧迫和突出，对汽车排放给大气所造成污染的认识也不如今天这么明确。因此，汽车维修体系在实际工作中偏重于对整车技术状况的衡量和评价，还没有把控制汽车排放置于最关键和最突出的位置之上。在人们日益关注自身生存环境的今天，为了保持大自然的清洁与美丽，保护人们的生存环境，汽车维修管理也应调整工作思路，在贯彻“定期检测、强制维护、视情修理”的工作方针的前提下，进一步完善汽车检查维护制度，补充完善对汽车排放控制的操作内容和工艺措施。具体应从以下几个方面入手。

(1)加强立法，促进汽车检查维护制度的全面落实

只有强硬的政策支撑，才能保证一个行之有效的规章制度的实施。对在用汽车的技术管理上，必须迅速改变管理机构重叠、职能交叉、条块分割的局面。在车辆排放控制方面要形成高层次的配套法规，用以指导和规范管理部门的行为，避免部门规章由于受职能、工作性质和信息知识等方面的局限而缺乏普遍的法律约束力。

从各种统计资料看，绝大多数营运车辆都能遵守汽车维护管理制度，根据车辆行驶里程或使用时间进行定期检测和强制维护，而一些行政事业单位公务用车或家庭用车，都往往忽视了强制维护制度的贯彻实施。由于车辆没有及时进行检测维护，其技能参数出现明显变化，表现

为动力下降、油耗上升、排放超标等。汽车污染物排放与汽车故障密切相关。如点火过迟、混合气过浓均会导致发动机排放明显增加。汽车故障又与使用时间和检测维护状况紧密相关。对车辆定期检测和维护可以延长汽车使用寿命，保持完好技术状况，使污染物的排放稳定且保持在正常状况。

通过对汽车使用的可靠性研究，制定出了“定期检测、强制维护、视情修理”这一新的汽车维护制度。汽车可靠性研究将汽车故障分为早期故障、偶然故障和耗损故障三种类型。造成早期故障的原因主要有：设计欠佳、制造欠佳、装配不当、检验不严格。造成偶然故障的原因有：操作不当、没有对车辆及时维护、材料隐患及工艺和结构缺陷，而耗损故障的原因是长期使用而导致零件超过了使用极限。从以上三类故障的成因不难看出，汽车故障伴随着车辆使用而滋生，汽车故障率与汽车使用里程成正比。如果不坚持对使用中的汽车进行定期检查和强制维护，必将导致汽车排放污染的超标。为此，一是要加大政策控制力度，制定强硬的行政措施，督促使用中汽车实行车辆维护制度；二是提高汽车检测和维护的工艺技术水平和服务质量。

国外一些国家，不仅要对所有在用汽车定期检查和维修，而且特别强调：

①不允许在用车辆发生排放净化装置的失效或损坏，否则一经发现，要追究有关单位和人员的法律责任。这就迫使车辆使用者随时注意排气净化装置的工作状态，经常到维修合同单位接受检查和进行必要的维修。

②车辆使用者或维修单位有意将车辆排放控制系统调整不当、拆除排放控制系统及部件、拆去有关铅封再自行重封的行为和任何对排放控制系统有不利影响的做法，一律视为非法并予以制裁。

③制定了严格的燃料管理政策，车辆改用其他燃料要取得相应的认可，经改换燃料的车辆必须保持原有排放控制装置并满足排放限制要求。

④在汽车上加装排气净化及节能等附加装置和选用汽车零部件时，必须经权威检测机构对其性能和使用效果检测、经过有关部门认可，并确保

不使车辆排放污染状况恶化。

总之，汽车排放控制要有强硬的行政措施为依托，有相关法律为保障。决不允许各行其是、随心所欲。

(2)保证汽车检查维护质量

汽车检查维护质量，直接影响到汽车性能的恢复和汽车排放的控制，要保证汽车的检查维护质量应从以下四个方面入手：

规范管理汽车维修业

①规范检查维护程序。首先，汽车技术管理文件中要明确规定使用中车辆的检查和维护周期，并严格监督实行；第二，对从事汽车检查、维护的单位必须要坚持资质认可，督促其严格按质量保证体系运作；第三，对车辆的维护必须按工艺规范和技术标准操作，不允许简化或省略规定的工艺过程。否则，有关部门要依据法律、法规进行惩处。

②明确检查维护项目。我国汽车维修中执行的《汽车维护工艺规范》(JT/T201-1995)，明确规定了一、二级维护的作业项目，应严格按规定项目进行操作。

③规定检测维护所必须设施、设备。现代汽车的检测与维护必须借助于一些设施、设备才能完成。比如，用汽车尾车分析仪检测汽车尾气排放；用点火正时灯检测发动机点火正时；借助四轮定位仪检测汽车轮胎的定位。因此，在进行汽车检查企业资质认定时，设施、设备的装备情况应当作为一项重要的指标。

④提高汽车检测维修人员的技术水平。汽车检测维修人员技术水平的高低和操作的熟练程度，直接影响到检测结果的准确和维修质量的好坏。

随着汽车技术的不断进步，汽车相关法规和标准的发布、修订，汽车新工艺、新技术的应用等，都要求汽车维修行业要建立有效的培训体系。该体系应由交通行业管理部门与地方维修管理机构、科研机构及相关院校共同建设，通过培训加快提高汽车维修行业管理人员、技术人员、维修技师的业务水平，使他们成为汽车检测维修行业质量保证的主力军，成为汽车污染排放治理的骨干力量。

(3)建立汽车使用中排放控制的监督评价体系

通过技术保障系统和行政管理系统的正常运作，正规汽车生产厂和维修厂出厂的汽车其排放污染一般是可以达标的，但是所有在路上运行的汽车是否符合排放标准还应该用抽样合格率指标进行监控。监控的目的有三个：第一，监控识别排放不合格车辆，监督其及时治理；第二，跟踪追查排放不合格车产生的原因，对责任者要依法予以处罚；第三，通过抽查合格率指标，研究产生不合格车的原因，分析对汽车定期检测维护体系的运作情况进行客观评价，针对问题采取进一步对策，保证不断提高使用中汽车污染控制总体水平，不断降低汽车排放污染。

汽车使用中排放控制监控评价体系由汽车污染物排放监控、汽车尾气监控、对尾气抽检不合格车处罚监控和宏观监控评价制度四部分组成。

## 六、汽车噪声的来源及控制

噪声，实际上就是人们主观认为一切不希望存在的响声。噪声污染和大气污染、水污染并称为现代社会的公害。

据统计，城市噪声污染的主要来源是汽车噪声。汽车噪声一般为中等强度的噪声，大约为60~90dB左右，由于车辆噪声为移动性噪声，故影响范围大，干扰时间长，受害人员多，近年来从多起汽车用防盗器的误鸣而引起的扰民事件中，可以看出汽车噪声给人们的生活带来的危害。

### 汽车噪声的来源

汽车噪声源大致可分为发动机噪声与整车噪声。发动机噪声与发动机转速有关，而整车噪声与车速有关。与发动机转速有关的噪声源主要有进气噪声、排气噪声、风扇噪声和发动机表面辐射噪声，以及由发动机带动旋转的各种发动机附件（如空气压缩机、发电机等）的噪声。与车速有关的噪声包括传动噪声、轮胎噪声、车体产生的空气动力噪声等。

1．发动机噪声

发动机及动力总成噪声是汽车的主要噪声源之一。尤其是在怠速、低速行驶和车辆启动加速过程中，发动机及动力总成噪声愈发明显。为了降低汽车噪声，首先应控制发动机及动力总成噪声。

通常发动机及动力总成噪声可以分为两大类：空气动力噪声和表面振动结构噪声。

空气动力噪声直接向空间辐射，引起空气动力噪声的噪声源主要有进、排气噪声和风扇噪声。

发动机燃烧噪声和机械噪声指内部的燃烧过程和结构振动所产生的噪声，是通过发动机外表以及与发动机表面连接的零件的振动向外辐射的，因此将这两类称为发动机表面振动的结构噪声。

燃烧噪声的发生机理相当复杂，主要是由于汽缸内周期性变化的压力作用而产生的，与发动机的燃烧方式和燃烧速度密切相关。

机械噪声是发动机工作时各运动件之间及运动件与固定件之间作用的周期性变化的力所引起的，它与激发力的大小和发动机结构动态特性等因素有关。

燃烧噪声与机械噪声实际上是难以严格区分的。机械噪声也是发动机汽缸内燃料燃烧间接激发的噪声。为了研究方便，把汽缸内燃烧所形成的压力振动并通过缸盖、活塞、连杆、曲轴到机体的途径向外辐射的噪声叫燃烧噪声；把活塞对缸套的敲击、齿轮、配气机构、喷油系统等运动件之间机械撞击所产生的振动激发的声辐射称为机械噪声。下面就发动机主要噪声即活塞敲击噪声、配气机构噪声、发动机燃烧噪声进行简要分析。

(1)活塞敲击噪声

活塞对缸壁的敲击，根本原因在于它们之间存在间隙并且往复运动的活塞所承受的侧向力发生方向突变。

当作用在活塞上的气体压力、惯性力和摩擦力发生周期性变化时，活塞在曲轴的旋转平面内将受到一个周期性变化的侧向力的作用。此侧向力在上止点及下止点附近必然要改变方向，活塞将从一侧向另一侧做横向运动。在上止点附近有一个由右侧向左侧的横向运动，而在下止点附近有一个由左侧向右侧的横向运动。

高速运转时，活塞的这种横向运动是以很高的速度进行的。由于活塞与缸壁之间存在间隙，从而形成了对缸壁的强烈撞击，特别是在压缩行程终了和膨胀行程开始时，这种冲击更为严重，而且冷却时最明显。这时的冲击速度与发动机转速的立方根成正比。

(2)配气机构噪声

发动机低速下的噪声主要表现为气门开闭时以及挺柱在凸轮凸面部位附近产生的配气机构噪声。

气门开启的噪声主要是由施加于气门机构上的撞击力造成的，而气门关闭时的噪声则是由于气门落座时的冲击产生的，气门的噪声级和气门运动的速度成正比。在凸轮顶部上推从动杆的时刻，金属互相接触产生的摩擦振动，粗糙的接触面会使噪声增高。

在发动机高速运转时，气门机构的惯性力相当大，使得整个机构产生振动。一个弹性系统的气门机构，工作时各零件的弹性变形会使位于传动链末端气门处的运动产生很不规则的运动（气门飞脱和落座反跳）。这种不规则运动，增加气门撞击的次数和强度，从而产生强烈的噪声。气门弹簧的颤振也会导致簧圈之间发生碰击产生高频噪声。

(3)燃烧噪声

汽油机和柴油机的主要燃烧噪声一般都产生在速燃期，汽油机燃烧过程柔和，其产生的噪声相对其他噪声来说比较小，只有在不正常燃烧时会引起较大的噪声。

柴油机的燃烧噪声，与其他噪声相比则不可忽视。根据柴油机的燃烧规律可知，柴油机燃烧过程可分为着火延迟期、速燃期、缓燃期和补燃期四个阶段。

(4)发动机空气噪声

发动机运转过程中，由于空气流动发出的声响，主要包括：进气噪声、排气噪声、风扇噪声。

2．底盘噪声

底盘噪声包括变速器、分动器、传动轴、差速器和减速器等传动系产生的噪声和轮胎产生的噪声等。

(1)传动系噪声

传动系噪声源主要是其内部齿轮和轴承，同时也有其他机构传递而来的固体声。

隔声板

齿轮传动特点是轮齿相互交替啮合，在啮合处既有滚动又有滑动，不可避免地要产生齿与齿之间相互撞击和摩擦。另一方面，齿轮的制造误差、安装误差以及发动机曲轴的迅速扭曲振动使其驱动齿轮传动的正常啮合关系遭到破坏，都会使齿轮产生振动并发出噪声。

(2)轮胎噪声

轮胎噪声可以分为直接噪声（或车外噪声）和间接噪声（或车内噪声）两种。即直接噪声或车外噪声是轮胎直接辐射出来的噪声；而间接噪声（或车内噪声）是轮胎直接或间接地成为激振源，振动通过悬架和车架传至车身，成为车厢内的噪声。间接噪声又分为两类。一是轮胎的均匀性不良为主要原因，使轮胎成为激振源而发生的噪声；二是由于路面凹凸不平，使得路面激励成为主要原因，引起轮胎弹性振动，并以车身为媒介发生车内噪声。

对轮胎噪声来说，一般反映的就是直接噪声。对大、中型载重车的轮胎而言，由于其所产生的直接噪声在汽车总体噪声中所占比重很大，因此，直接噪声已成为噪声公害。



## 汽车噪声控制技术

目前噪声控制的方法可以分为被动控制和主动控制。所谓被动控制是指噪声控制过程中除噪声源外没有其他外加能量输入的控制方法。传统的吸声、隔声、消声及隔振等均属噪声被动控制。如果在噪声控制过程中，在噪声源以外，人为加入能量（次级声源或次级力源等）来控制噪声的方法称为噪声主动控制。例如，在噪声声场中加入另外一个或几个声源（这些声源称次级声源，来抵消噪声；或者用一个或几个力源（这些力源称次级力源）来抑制结构振动降低声辐射的方法都属主动控制范畴。

被动控制技术通常有以下几种类型。

1．吸声降噪

吸声降噪技术通常分成两类：多孔吸声材料和吸声结构。

(1)多孔吸声材料

吸声材料是指能够把入射在其上的声能大量吸收的材料。噪声控制工程中常用的吸声材料都是多孔材料，如矿渣棉、石棉、玻璃棉、毛毡、木丝板等，这些材料表面富有细孔，孔和孔之间互相联通，并深入到材料内层，声波容易顺利地透入。当声波进入材料孔隙时，引起孔隙中的空气和材料的细小纤维波动，由于摩擦和黏滞阻尼作用，声能变为热能而耗散掉。各种多孔吸声材料的吸声系数可以在相关手册中查到。

(2)共振吸声结构

从能量平衡原理可知，如果噪声的能量转换为其他能量，能起到降低噪声的效果，吸声材料主要是将声能转变为热能，从而有效吸收中、高频声音。共振吸声结构利用声波激发结构或系统振动，通过结构的共振最大限度地吸收声能，达到吸声的目的。共振吸声结构的不足是其工作吸声频带较窄。

常见共振吸声结构有薄膜共振吸声结构、穿孔板式吸声机构、微穿孔板吸声结构等。

2．隔声结构

隔声是噪声控制中的重要方法之一。所谓隔声是指在噪声传播的途径上设置障碍以阻止声波的传播。隔声法常用的隔声装置有隔声罩、隔声室和隔声屏等。常用基本隔声结构有单层壁和双层壁两种。

(1)单层壁的隔声最简单的隔声结构是单层均质壁，如钢板、铅板、砖墙、钢筋混凝土墙等。

(2)双层隔声结构。由单层隔声机构的隔声质量定律可见，单位面积重量增加1倍，隔声量仅增加6dB。但仅仅依靠增加墙的厚度来提高隔声量是不经济的。如果把单层墙一分为二，采用双层壁，虽然重量一样但隔声效果更好。

双层壁之所以能提高隔声性能，是因为当声波激发起第一层壁振动时，这种振动先传给空气层，再传给第二层壁，然后再向另一侧辐射声能。由于空气层的弹性变形具有缓冲减振作用，使得传给第二层壁的振动大为减弱，从而提高了总的隔声量。

3．消声器

消声器是一种允许气流通过，阻止噪声或降低噪声的特殊装置，它被广泛应用于噪声控制工程中，例如，汽车发动机总成安装有消声器。消声器的种类很多，这里主要介绍阻性消声器和抗性消声器，多数的其他类型的消声器都是在这两类的基础上发展起来的。

(1)阻性消声器

阻性消声器是将吸声材料安装在气流通道内，当噪声沿消声器管道传播时，声波由于摩擦和黏滞作用，将部分声能转变为热能耗散掉，从而达到消声的目的。由于吸声材料的作用类似电路中的电阻，故称为阻性消声器。一般吸声材料的吸声特性在中、高频表现好，所以这类消声器的中、高频消声性能较好。

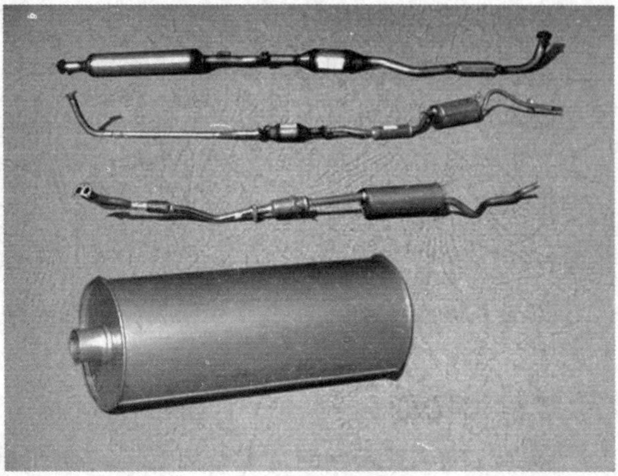

汽车发动机消声器

(2)抗性消声器

抗性消声器主要利用截面突变造成声传播通道的阻抗失配，产生声能的反射，从而达到消声目的。这类消声器一般是全金属结构，其构造简单、耐高温、耐腐蚀、耐气流冲击、不会被废气中的炭灰微粒堵塞、成本低而且寿命长。但单纯抗性消声器的选择性强，适用于中、低频噪声控制。

**发动机噪声控制方法**

发动机噪声控制技术较为复杂，本节以活塞敲击噪声、配气机构噪声、燃烧噪声和发动机空气噪声四个方面介绍噪声控制方法。

1．活塞敲击噪声控制

影响活塞敲缸声的因素有活塞与汽缸壁之间的间隙、活塞销孔的偏移、活塞的高度、活塞环在活塞上的位置以及汽缸润滑条件、发动机转速和汽缸直径等。实验表明，活塞与汽缸壁之间的间隙增大1倍时，其噪声可增加3～4dB。

(1)减小活塞与汽缸壁之间的间隙

在满足使用和装配的前提下，尽量减小活塞与汽缸壁之间间隙可以减小甚至消除活塞横向运动的位移量，从而减轻或避免活塞对缸壁的冲击，达到降噪的目的。若能保证发动机在冷态和热态下，此间隙值变化不大，将会使降噪效果更佳。为了实现这一目的，现代汽车发动机在活塞设计上采取了一些措施，如针对活塞上部的膨胀量大于下部的情况，将活塞制成直径上小下大的锥形，使其在汽缸中工作时上下各处的间隙近于均匀；采用椭圆形裙部；在汽油机的铝合金活塞最下面一道环槽上切一横槽，以减少从头部到裙部的传热；在裙部车纵向槽，使裙部具有弹性，从而减小导向部分间隙等。此外，为了适应高压缩比、高转速发动机的强度和刚度要求，可采用镶钢片活塞，即在铝合金活塞中镶入热膨胀系数比铝合金小的材料，以阻碍活塞裙部推力面上的膨胀，从而减小活塞裙部的装配间隙，达到降低噪声的目的。这种镶钢片活塞在汽油机和柴油机上都有采用。

(2)活塞销孔向主推力面偏移

活塞销孔向主推力面偏移，使活塞的换向提前到压缩终止前，同时可以使活塞换向的横向运动方式由原来的整体横移冲击变为平滑过渡，可起到显著的降噪作用。现代汽车上普遍采用这种降噪措施。但应注意偏移量大小的控制，过大的偏移量，会增大活塞承受尖角负荷的时间，引起汽缸早期磨损，损失有效功率。

(3)加大活塞裙部长度

在可能的情况下适当加大活塞裙部长度，增大支承面。

(4)增加活塞表面的振动阻尼

增加活塞表面的振动阻尼，采用底油环或裙部表面覆盖一层可塑性材料，增加振动阻

汽油机燃烧噪声

尼，缓冲或吸收活塞敲击的能量，也可明显降低活塞敲缸声。如在活塞裙部表面涂一层聚四氟乙烯，然后再外加一层厚度为0.2mm的铬氧化物。

2．配气机构噪声控制

影响配气机构噪声的主要因素有凸轮型线、气门间隙和配气机构的刚度等，因此控制噪声应从以下几方面着手：

(1)减小气门间隙

发动机低速运转时，气门传动链的弹性变形小，配气机构噪声主要来源于气门开、闭时的撞击。减小气门间隙可减小因间隙存在而产生的撞击，从而减小噪声。采用液力挺杆，可以从根本上消除气门间隙，从而消除传动中的撞击，并可有效地控制气门落座速度，因而可使配气机构的噪声显著降低。

(2)提高凸轮加工精度和减小表面粗糙度

(3)减轻驱动元件质量

在相同发动机运转速度下，减轻配气机构驱动元件质量即减小了惯性力，从而降低配气机构所激发的振动和噪声。缩短推杆长度是减轻机构质量并提高刚度的一项有效措施。在高速发动机上，应尽量把凸轮轴移近气门，甚至取消推杆，构成所谓顶置式凸轮轴，这对减小噪声改善发动机动力特性是有利的。

(4)选用性能优良的凸轮型线

设计凸轮型线时，除保证气门最大升程、气门运动规律和最佳配气正时外，采用几次谐波凸轮，降低挺杆在凸轮型线缓冲段范围内的运动速度，从而减小气门在始升或落座时的速度，降低因撞击而产生的噪声。

3．燃烧噪声控制

汽油机控制燃烧噪声主要是通过根据压缩比选择合适牌号的燃油；适当推迟点火提前角；及时清除燃烧室积炭来抑制爆燃和表面点火现象的产生，即可抑制噪声。

控制柴油机燃烧噪声的根本措施是降低燃烧时的压力增长率。由于压力增长率取决于着火延迟期和着火延迟期内形成的可燃混合气的数量和质量，因此可以通过选用十六烷值高的燃料，合理组织喷射和选用低噪燃烧室实现。具体措施如下：

(1)适当延迟喷油定时

由于汽缸内压缩温度和压力是随曲轴转角变化的，喷油时间的早晚对于着火延迟期长短的影响通过压缩压力和温度而起作用。如果喷油早，则燃料进入汽缸时的空气温度和压力低，着火延迟期变长；反之，适当推迟喷油时间可使着火延迟期缩短，燃烧噪声减小。但喷油过迟，燃料进入汽缸时的空气温度和压力反而变低，从而又使着火延迟期延长，燃烧噪声增大。如单从降低噪声的角度来讲，希望适当推迟喷油时间，即减小喷油提前角，但喷油正时延迟将影响柴油机的动力性和经济性。

(2)改进燃烧室结构形状

燃烧室的结构形状与混合气的形成和燃烧有密切关系，不但直接影响柴油机的性能，而且影响着火延迟期、压力升高率，从而影响燃烧噪声。根据混合气的形成及燃烧室结构的特点，柴油机的燃烧室可分为直喷式和预燃式两大类。

在其他条件相同的情况下，直喷式燃烧室中的球形和斜置圆桶形燃烧室的燃烧噪声最低，预燃式燃烧室的燃烧噪声一般也较低；但是直喷式燃烧室和浅盆形直喷式燃烧室的燃烧噪声最大。试验表明，若用球形燃烧室代替浅盆形燃烧室，可使柴油机的总噪声降低3～6dB。

(3)提高废气再循环率和进气节流

提高废气再循环率就可减小燃烧率，使发动机获得平稳的运转，因此，对降低燃烧噪声有明显的作用。而进气节流可使汽缸内的压力降低和着火时间推迟，故进气节流不但能降低噪声，同时对减少柴油机所特有的角速度波动和横向摆振也有很大的作用。

(4)采用增压技术

增压后进入汽缸的空气密度增加，从而使压缩终止时汽缸内的温度和压力增高，改善了混合气的着火条件，使着火延迟期缩短。增压压力越高，着火延迟期越短，使压力升高率越小，从而可降低燃烧噪声。大量试验证明，增压可使直喷式柴油机燃烧噪声降低2～3dB。

(5)提高压缩比

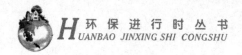

提高压缩比可以提高压缩终止的温度和压力，使燃烧着火的物理、化学准备阶段得以改善，从而缩短着火延迟期，降低压力升高率，使燃烧噪声降低。但压缩比增大使汽缸内压力增加，导致活塞敲击声增大，因此，提高压缩比不会使发动机的总噪声有很大降低。

(6)改善燃油品质

燃油品质不同，其燃油喷入燃烧室后所进行着火前的物理、化学准备过程就不同，从而导致着火延迟时间不同。十六烷值高的燃料着火延迟期较短，压力升高率低，燃烧过程柔和。因此，为了降低燃烧噪声，应选用十六烷值较高的燃油。

降低燃烧噪声，除采取上述措施改进燃烧过程外，还应在燃烧激发力的辐射和传播途径上采取措施，增强发动机结构对燃烧噪声的衰减，尤其是对中、高频成分的衰减。措施有：提高机体及缸套的刚性，采用隔振隔声措施，减少活塞、曲柄连杆结构各部分的间隙，增加油膜厚度，在保持功率不变的条件下采用较小的汽缸直径，增加缸数或采用较大的S/D值，改变薄壁零件（如油底壳等）的材料和附加阻尼等。

4. 空气噪声控制

(1)进气噪声控制

进气噪声的大小与进气方式、进气门结构、缸径及凸轮线型设计等有关。同一台发动机进气噪声受发动机转速影响较大。

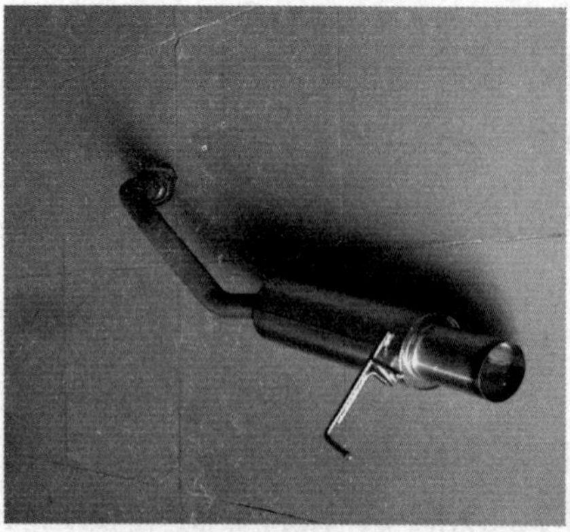

汽车排气消声器

控制进气噪声，一方面应设计合适的空气滤清器，在允许的情况下，尽量加大空气滤清器的长度或断面，以增大容积，并保持空气滤清器清洁；另一方面在进气系统设置进气消声器。为了满足进气和滤清的要求以及降低噪声，通常将进气消声器和空气滤清器设计结合起来考虑。对于噪声指标要求较严的客车，往往需要另加进气消声器。非增压柴油机的进气消声器可采用抗性扩张式或共振式消声器，也可采用阻抗复合式消声器。对于涡轮增压柴油机的进气噪声，因其含有明显的高频特性，所以应选阻性消声器或阻抗复合式消声器。

(2)排气噪声控制

对发动机排气噪声的控制，也可以从以下两个方面采取措施：

底盘噪声控制

①一方面可以对噪声源采取措施，这需要从排气噪声的发生机理分析入手，采取相应措施。在不降低发动机性能、不对排气系统作大改动情况下，改进排气歧管的布置，使吹过管口的气流方向与管的轴线方向夹角保持在最不易发生共振的角度范围内；合理设计各歧管的长度，使管的声共振频率错开；使各排气歧管管口及各管之间连接处都有较大的过渡圆角，减小断面突变，避免管口的尖锐边缘，以减弱声共振作用；降低排气门杆、气门、歧管和排气管内壁面的表面粗糙度，以减小紊流附面层中的涡流强度；在保证排气门刚度和强度的条件下，尽可能减小排气门杆直径等。

②另一方面的措施是采用排气消声器和减小由排气歧管传来的结构振动。排气消声器是普遍采用的最有效的降噪措施。为了控制排气歧管传递的结构振动，可改进排气歧管结构以获得适宜的振动传递特性，或对排气歧管采取隔振措施，均可起到控制振动、降低噪声的目的。

实用的汽车排气消声器一般为多个扩张腔用穿孔管和穿孔板连接而成的多级消声器，级数越多消声量越大，且高频消声效果就越好。但消声量并不随级数增加而按比例增加，5级以上时，再增加级数消声量增加就微小了，故一般消声器的级数都在2～5级内选取。例如，大型汽车消声器多选2～4级，内部结构采用扩张和穿孔结构相结合；中型货车消声器基本上是3～4级，内部结构比较复杂，有穿孔管结构、旁支共振腔结构和扩张腔结构等；轻型汽车消声器则基本上采用4级或5级，其内部结构更加复杂。

(3)风扇噪声控制

控制风扇噪声可以从以下几方面着手：

①适当选择风扇与散热器之间的距离。实验表明，汽车风扇与散热器之间的最佳距离为100～200mm，这样既能很好地发挥风扇的冷却能力，又能使噪声最小。

②改进叶片形状。因为风扇叶片附近涡流的强度与叶片形状有密切关系，故可改进叶片形状，使之有较好的流线型和合适的弯曲角度，从而降低涡流强度，达到控制噪声的目的。

③选择合适的叶片材料。试验表明，叶片材料对其噪声也有一定的影响。铸铝叶片比冲压钢板叶片的噪声小，有机合成材料（如玻璃钢、高强度尼龙等）叶片比金属叶片噪声小。

④装风扇离合器。汽车行驶过程中风扇必须工作的时间一般不到10%，因此装风扇离合器使风扇仅在必要的时间工作。这不仅可以减少发动机功率损耗和使发动机经常处在适宜的温度下工作，还可起到降低噪声的作用。

⑤合适的叶片角度。叶片非均匀分布，如四叶片风扇的叶片间夹角布置为70度和110度，可有效降低风扇噪声频谱中那些突出的线状频率尖峰，使噪声频谱变得较为平坦，从而起到降噪作用。

**底盘噪声控制方法**

底盘噪声主要来源于传动系和轮胎，而传动系噪声主要来源于齿轮和传动轴。

1．齿轮噪声的控制

影响齿轮噪声的因素主要有齿轮的设计参数（如结构、材料、啮合率、压力角、模数、齿形修正和与之相配的轴与轴承等），齿轮加工精度（如各种加工误差、表面质量和热处理等），装配精度（如齿隙、接触面大小、位置和装配力矩等）及使用条件（如转速、负荷、润滑及工作条件等）。控制齿轮噪声措施如下：

(1)合理选择齿轮结构形式和改进齿轮修正设计

对于圆柱齿轮，按噪声大小排列顺序为：直齿、斜齿、人字形齿；对于锥齿轮按噪声大小排列顺序为：直齿、螺旋齿、双曲线齿。从控制齿轮噪声角度出发，宜优选低噪声齿轮结构。

选择齿轮参数时，增加重叠系数，减小齿轮间的相对滑移和冲击，使齿轮在工作过程中保持平稳。因此，首先要选择大重叠系数的啮合副，但应注意重叠系数不宜过大，尤其是在齿轮精度不高的场合，因为多对齿轮同时啮合反而会加剧振动，增大噪声。啮合副形式一定时，增大齿轮模数、减小齿轮压力角，也可以使重叠系数增加，从而降低齿轮噪声。其次选择齿宽的大小要适当，以保证齿隙大小合适。齿隙过大，齿轮工作时有较大冲击；而齿隙过小，轮齿啮合时排气速度增加，齿轮间容易发生干涉，都将使齿轮噪声水平上升。

齿轮转速加倍，噪声增加约7dB。因此，齿轮设计时应注意限制其工作转速，以防齿轮噪声过大。

(2)改进工艺，提高加工精度

提高齿轮制造精度，降低各种误差和轮齿表面的粗糙度，均可以有效地降低齿轮噪声。国外对齿轮研究表明，齿轮制造精度等级提高一级，传动噪声可降低7～10dB。采用磨齿、研齿和剃齿均可达到较高加工精度，从而有效降低噪声。齿形修缘可以改善轮齿的受力情况，也是降低噪声的有效措施。

(3)正确安装合理使用

安装齿轮时，必须满足精度要求，使两啮合齿轮的轴心线平行度限制在允许范围内，各部位的间隙应适当调整。在齿轮使用时，要正确选用润滑剂，保持齿轮合适的润滑状态，以减小齿间摩擦，吸收振动能量，降低工作噪声。

(4)齿轮阻尼减振措施

在齿轮基体上加装合适的阻尼减振材料，能有效抑制齿轮振动幅度，阻止其向外辐射噪声。实际生活中常采取的阻尼减振措施为：在齿轮轮缘处压入摩擦系数较大的材料制成的环（如铸铁环等），在轮辐上加装橡胶垫圈（如聚硫橡胶圈）；在轮辐等噪声辐射的主要表面涂敷含铅量高的巴氏合金等阻尼材料。

2．传动轴噪声控制

传动轴噪声控制措施主要有：

①提高传动轴刚度，保证传动轴动平衡。由于传动轴振动主要是其质量不平衡和弹性弯曲所致，因此控制传动轴噪声时，首先应考虑提高传动轴刚度和动平衡，以减轻振动。因此使用中应经常进行传动轴平衡校正，因为花键、十字轴磨损、传动轴变形或装合差错均会引起传动轴的不平衡。

②消除不等速万向节带来的传动轴转矩和转速的波动，减小传动轴工作时的振动。控制万向节最大允许夹角在50以内，最好选用等速万向节。

③传动轴中间支承对其振动和噪声也有较大影响，特别支承座与吊耳间的隔振措施。在支承座与吊耳间加装隔振橡胶衬套，可以阻尼传动轴振动通过中间轴承向车身的传播。

④汽车使用中，应注意保持对传动轴各润滑点的正常润滑，避免因磨损而使间隙增大。修理汽车时应对传动轴重新进行平衡，消除万向节径向间隙，可采用滚针轴承端部具有弹性的万向节，以便给十字轴以适当的预紧力。

3．轮胎噪声控制

影响轮胎噪声的因素很多，对此系统的控制措施主要有以下几个方面：

①改进轮胎结构。降低轮胎花纹接地宽度与轮胎直径的比值，采用变节距轮胎等，对降低高速行驶车辆的轮胎噪声效果相当明显。

②合理选择使用轮胎。根据汽车使用地区和使用条件的不同，合理选择轮胎结构与花纹形式。在满足使用要求的条件下，应优先选用子午线轮胎和纵向花纹或接近于纵向花纹的轮胎。以东风EQ1090汽车为例，在平原条件下使用条形花纹子午线轮胎，轮胎噪声可降低2～8dB。

③控制轮胎噪声的传播途径。在轮胎与车身的连接之间加装弹性阻尼

隔振装置，以衰减轮胎振动向车身的传递，可以达到间接控制噪声的目的。

④在汽车行驶中，适时调整轮胎气压，控制行驶速度和加速度，均可降低轮胎噪声。

⑤改善道路质量，减少弯道和坡道。合适的路面粗糙度也可起到控制轮胎噪声的目的。路面粗糙度以0.5mm(平均纹高)为宜，在此基础上，若粗糙度每增加1倍，噪声将增加6dB；粗糙度每减小1倍，噪声减少2.5～3dB。